Ferdinand Vetter

Die neuentdeckte deutsche Bibeldichtungen des neunten Jahrhunderts

Mit dem Text und der Übersetzung der neuaufgefundenen vatikanischen Bruchstücke

Ferdinand Vetter

Die neuentdeckte deutsche Bibeldichtungen des neunten Jahrhunderts
Mit dem Text und der Übersetzung der neuaufgefundenen vatikanischen Bruchstücke

ISBN/EAN: 9783743496620

Hergestellt in Europa, USA, Kanada, Australien, Japan

Cover: Foto ©Lupo / pixelio.de

Manufactured and distributed by brebook publishing software (www.brebook.com)

Ferdinand Vetter

Die neuentdeckte deutsche Bibeldichtungen des neunten Jahrhunderts

Die neuentdeckte deutsche Bibeldichtung des neunten Jahrhunderts.

Mit dem Text und der Uebersetzung der neuaufgefundenen Vatikanischen Bruchstücke.

Ein Beitrag zur Litteratur- und Kirchengeschichte

von

Ferdinand Vetter.

Basel.
Benno Schwabe, Verlagsbuchhandlung.
1895.

Die neuentdeckte deutsche Bibeldichtung
des neunten Jahrhunderts.

Akademischer Vortrag, gehalten im Museumssaale zu Bern am 20. Dezember 1894.

Die Zeit der großen litterarischen Entdeckungen ist für die noch junge Wissenschaft der germanischen Philologie vorbei. Ein neues Nibelungenlied, eine neue Edda werden wir kaum mehr auffinden. Aber Neues zu lernen gibt es gleichwohl auch bei uns alle Tage, und hin und wieder taucht auch ein noch völlig unbekanntes Fundstück unmittelbar aus dem Schoß der Vorzeit auf wie ein alter Wanderblock bei der Anlage einer neuen Straße. Von einem solchen Funde, der bisher hauptsächlich die Fachkreise beschäftigt hat, möchte ich auch hier Bericht erstatten. Jeder, der sich um die Fortschritte unserer Erkenntnis der menschlichen Dinge bekümmert, und der da weiß, wie langsam und stückweise es damit geht, vernimmt ja gern gelegentlich von einem besonders merkwürdigen Zuwachs dieser Erkenntnis und von der seltsamen Art, wie man bisweilen dazu gelangt. Und wenn ich Sie dabei mehr als Ihnen vielleicht willkommen ist mit Handschriften, Interpolationen, Be- und Umarbeitungen und derlei Handwerkszeug der philologischen Werkstatt behelligen muß, so halten Sie das vielleicht dem Führer zugute, der Ihnen vor einem merkwürdigen alten Fresko alle Mittel und Wege zu dessen glücklich erfolgter Entdeckung und Wiederherstellung umständlich beschreibt und damit wenigstens das eine erreicht, daß Sie künftig sich das Bild selber aufmerksamer ansehen und dadurch erst seiner Schönheit bewußt und froh werden.

Und wenn ich Ihnen ferner gleich von vornherein sage, daß wir den Verfasser der alten deutschen Dichtung, um die es sich handelt, nicht einmal bei seinem Namen kennen, und daß seine Neuentdeckung nur so viel heißt, daß wir sein bisher schon teilweise bekanntes Werk und damit seine Persönlichkeit nun infolge eines neuen Fundes als Ganzes zu überschauen vermögen, so werde ich wenigstens Ihre Erwartungen nicht allzuhoch gespannt haben.

Der schon bekannte Teil unseres Dichters kann aber doch vielleicht nach der ganzen Bekanntschaft dieses letztern begierig machen. Jener bekannte Teil ist nämlich das umfangreichste und bedeutendste erhaltene Gedicht aus der ältesten deutschen Litteraturperiode, die der in den fremden Formen des Endreims und des rhythmischen Verses sich bewegenden Dichtung Otfrieds vorangieng: aus der Periode der deutschen Allitterationspoesie; es ist der Heliand, das stabreimende Gedicht vom Leben Jesu, das im kaum bekehrten Sachsenlande, d. h. im heutigen Niederdeutschland, die neue Religion bei den Laien zu verbreiten bestimmt war. Zum Heliand also ist unser neuer Fund ein Gegenstück oder ein erster Teil. Ein merkwürdiges Denkmal junger Christlichkeit und friedlicher Kulturarbeit auf rauhem und blutgetränktem Boden, dieser Heliand! Ein verheerender einunddreißigjähriger Krieg hatte das freiheitsstolze Land zwischen Rhein und Elbe dem fränkischen Herrscher unterworfen; 4500 aufständische Sachsen waren zu Verden an der Aller hingerichtet, 10,000 sächsische Familien — so berichtet Eginhart — gefangen weggeführt worden; auf die geheiligte Irminsäule hatte der Sieger den gepanzerten Fuß gesetzt und dem taufenden Priester hatte der stolze Widukind das trotzige Haupt gebeugt. Aber der kriegerischen Eroberung folgte die friedliche auf dem Fuße; von Städten und Klöstern gieng eine neue Kultur aus mit den Künsten des Friedens, mit Landbau und Handel und mit der neuen zauberähnlichen Erfindung der Schrift, dieses wunderbaren Mittels zur Ueberlieferung des Wissens und Könnens vergangener gottgeliebter und geistbegabter Völker. So erfolgte rasch die Bekehrung des Sachsenlandes, eine ebensosehr kulturelle als religiöse Umwendung des Volkes zu neuen Lebensidealen. Ihr Hauptwerkzeug, der heilige Liudger, stiftete im Jahre 778 das Kloster Werden an der Ruhr, nordöstlich von Düsseldorf, jenes Kloster, das im neunten Jahrhundert der Hauptsitz der Bestrebungen war, die neue Lehre dem Volke in seiner Sprache zugänglich zu machen, das auch hauptsächlich den Verkehr mit dem christlichen England vermittelte. Von hier ist die Psalmenübertragung ausgegangen, von der wir Spuren bald nach dem Heliand finden; hier ist im 16. Jahrhundert die gotische Bibelübersetzung des Vulfila wieder aufgetaucht. Hier in Werden, unter den Augen des heiligen Liudger, ist aller Wahrscheinlichkeit nach auch der Heliand entstanden, dessen Mundart auf diese Gegend hinweist — eine warme und poetische Umschreibung der Geschichte des Heilandes, des Helden und Gottes der neuen Religion. Ein Werk getragen von inniger Begeisterung für seinen Gegenstand — den höchsten mit dem sich damals ein Sänger beschäftigen konnte — und daneben voll des naivsten gesundesten Realismus, wie ihn seither die deutsche christliche Dichtung und Kunst nur etwa noch in einigen religiösen Volksspielen und Kirchenliedern und in den Bildern Albrecht Dürers wieder erreicht hat — das ist der Heliand. Christus als Herr und Fürst und Landeswart an der Spitze seines edlen Gefolges durchzieht das grüne Land mit seinen blumigen Heiden und Weidetriften, worauf die Pferdehirten nächtlich der Rosse warten, — mit seinen Holmklippen und sandigen Meeresufern, an denen das Salz des Gleichnisses liegt, — mit seinen hochgebauten Städten und horngeschmückten Häusergiebeln, die wie Riesenwerke vom hohen Fels ins Land hinausschauen. Auf wogendem Meer ziehen wetterweise Männer in hochgehörntem Schiff das Segel auf; die Heerstraße erdröhnt von der Rosse Hufschlägen und der Helden Schritten; im weiten Gastsaal zechen und lärmen die Edelinge und eilen die Schenken mit Wein- und Bierkrügen hin und wider. Und zwischen Himmel und Erde fahren in Federhemden die Boten Gottes und wandeln in Tarnkappen die Träume und Geister daher; die Schicksalsgöttin Wurd rafft unversehens die Sterblichen dahin und geheimnisvoll erfüllen sich an den Menschen die Geschicke der messenden, loseteilenden Mächte, zum Trotz den leidigen Wichtern, die als Feinde Gottes im finstern schleichen. Aber der Himmelskönig, der Heilande bester, hat sie besiegt und die Menschen von ihnen erlöst, und er wird einst wiederkommen, wenn das Feuer des Gerichts, wenn Mutspells Macht über die Menschen einherfährt, und wird Urteil sprechen den Lebendigen und den Toten.

Der Heliand ist — vielleicht ebensosehr wegen der liebenswürdigen Schwächen als wegen der wirklichen poetischen Verdienste seines Dichters — für uns ein unschätzbares Werk, ein herrliches Stimmungsbild aus großartiger Dämmerzeit, und steht — Scherer mag sagen was er will —

hoch über allem, was die geistliche Litteratur dieser Zeit und lange nachher hervorgebracht hat. Mag seine Stimmung uns fern liegen und einförmig dünken, es ist eben doch Stimmung da, und die warme Stimmung macht den Dichter. Kein Wunder, daß die Kunde von einem andern Werke, das einst von diesem Dichter sollte vorhanden gewesen sein, schon lange die Freunde des Heliand beschäftigt und daß die Nachricht der Wiederentdeckung dieses andern Werkes bei ihnen eine freudige Erregung hervorgerufen hat. Wie man zu dieser Entdeckung kam, will ich nun erzählen und auf die Zeit zurückgreifen, wo überhaupt die erste Nachricht von unserm Dichter in die gelehrte Welt eintrat.

Im Jahre 1556 erschien zu Basel eine gelehrte reformatorische Streitschrift, „Verzeichnis von Zeugen der Wahrheit" (Catalogus testium veritatis), verfaßt von dem aus Illyrien stammenden Theologen Matthias Vlacich oder Francowitz, der seinen Namen nach der Sitte der Zeit in Matthias Flacius Illyricus latinisiert hat. Bei seinem Eifer, zu zeigen, daß man schon lange vor der Reformation die Bibel dem Volke verdeutscht habe, fielen diesem Gelehrten oder seinen Mitarbeitern in der Folge noch einige uralte geschriebene Bücher in die Hände, worin solche deutsche Bearbeitungen der Bibel enthalten waren. Als Flacius sechs Jahre später sein Buch in zweiter vermehrter Auflage zu Straßburg erscheinen ließ und von Jena aus den Bürgern der freien Stadt Lübeck widmete, konnte er Nachricht geben einmal von der damals im Besitze der Fugger zu Augsburg (jetzt zu Heidelberg) befindlichen Handschrift von Otfrieds Evangelienharmonie, die er sodann abermals neun Jahre später, wiederum zu Basel, zum erstenmal herausgegeben hat, und zweitens von einem alten Buche gleichen Inhalts in sächsischer, d. h. altniederdeutscher Sprache, indem er davon wenigstens eine Art Vorrede in Prosa und ein Lob des Verfassers in Versen — beides lateinisch — mitteilte, ohne über die alte Handschrift selbst oder die Art, wie er zur Kenntnis jener Vorreden gekommen war, die geringste Andeutung zu geben: sie erscheinen einfach mit kurzen Titelüberschriften in den Abschnitt über Ludwig den Frommen und seine Zeit eingeschoben.

Die von Flacius abgedruckte „Vorrede zu einem alten in sächsischer Sprache geschriebenen Buche", deren Original uns im übrigen samt diesem Buche spurlos verloren ist, geht aus von den Verdiensten, die sich Ludwig der Fromme, des großen Karls Sohn, um die christliche Religion erworben habe und noch erwerbe. Nachdem bisher nur die Gelehrten die heiligen Bücher hätten lesen können, habe der Kaiser diese neulich dem ganzen Volke deutscher Zunge in seinem Reiche (Sächsisch mochte ja mit leichter Umänderung damals auch in Oberdeutschland verständlich sein) zugänglich gemacht. „Er befahl nämlich," so heißt es weiter, „einem Manne aus dem Sachsenvolk, der bei seinen Landsleuten als ein vortrefflicher Sänger galt, das Alte und das Neue Testament in dichterischer Form (poetice) ins Deutsche zu übertragen, auf daß nicht nur bei den Gelehrten, sondern auch bei den Ungelehrten der heilige Text der göttlichen Lehren verbreitet würde." Der Sänger sei darauf freudig an die Arbeit gegangen und habe, mit der Schöpfung beginnend, je das Wichtigste der ganzen heiligen Geschichte dichterisch behandelt, auch stellenweise das Erzählte in mystischem Sinne ausgemalt. Er sei durch das Alte und Neue Testament hindurch zum Schluß seines Werkes gelangt, das, leichtverständlich und kunstvoll im Geiste der heimischen Sprache gedichtet, allen Hörern und Lesern wohlgefalle und vom Dichter in üblicher Weise in Fitten (vitteas), d. h. in Lese- oder Sinnesabschnitte, eingeteilt sei.

Diese Nachricht bei Flacius ergibt sich als eine nicht nur dem besprochenen Vorgange ziemlich gleichzeitige, sondern auch in allen Teilen glaubwürdige. Den Gesinnungen jenes frommen Herrschers entspricht ein Auftrag wie der hier erzählte vollkommen; sehr leicht kann er ihn an dem Reichstage erteilt haben, den er im Jahre 815, ein Jahr nach dem Tode des großen Karl, zu Paderborn im Sachsenlande hielt, an derselben geheiligten Stätte, wo vor seinem Vater 16 Jahre früher auch der römische Bischof Leo III. erschienen war, um den Frankenkönig zur Begründung des neuen Kaiser- und Gottesreiches nach Rom zu rufen. Damals, 815, zu Paderborn, hat Ludwig der Fromme nach dem Bericht seines Chronisten „viel Gutes angeordnet"; unter diesem Guten wird wohl eben auch unsere Bibeldichtung gewesen sein, von deren Verfasser dann der noch zu Ludwigs Lebzeiten schreibende Vorredner unter Umständen bereits wie von einem schon geraume Zeit Verstorbenen sprechen konnte, wenn dieser den Auftrag im ersten Regierungsjahr des Kaisers erhalten hatte, mag er das Werk auch erst (nach Kögel) gegen 830 zu

Ende geführt haben. Den Ausdruck fitte (vitta, englisch fit) konnte jedenfalls in Deutschland nur mehr ein Schriftsteller des neunten Jahrhunderts kennen; später verschwindet er aus der Sprache und der Litteratur.

Dieser glaubwürdigen Nachricht nun war in der Quelle des Flacius und ist denn auch bei ihm selbst ein gleichfalls prosaischer Nachtrag und sodann eine Reihe von „Versen über den Dichter und Verfasser dieser Handschrift" beigegeben, worin beidemal, völlig abweichend von dem ersten Bericht, dieser Dichter nicht als schon berühmter Sänger zu seinem großen Werke vorbereitet, sondern als noch unerfahrener Neuling von Gott im Traum dazu berufen erscheint. Insbesondere die poetische Fassung bezeichnet, im geraden Widerspruch zu jener ersten Prosanachricht, den Verfasser der Bibeldichtung als einen einfachen Landmann, der erst durch die göttliche Berufung zum Dichter geworden sei. Sein Landleben wird ziemlich weitläufig im Tone des Horazischen Beatus ille ausgemalt:

„Ruhmsucht rühret ihn nicht, noch der Fürsten ragende Häuser,
Nicht die Schätze der Welt, noch leidenschaftlich Begehren.
Keinem der Menschen verhaßt und keinen der Sterblichen hassend,
Harmlos zog er durchs breite Gefild hin furchend die Pflugschar.
Und den Kreis seines Hoffens umschloß das bescheidene Gütchen."

Aber eines Abends auf der Weide unter offenem Dache schlummernd hört er vom Himmel her eine göttliche Stimme:

„Sänger, was schaffst du? warum verlierst du die Zeit des Gesanges?
Auf und sing nach der Ordnung die göttlich erhabnen Gebote,
Kleid in heimischer Sprache Gewand die herrlichen Lehren!"
Und, kaum war das Wunder geschehen der himmlischen Stimme,
War zum Dichter geworden, der eben noch Bauer gewesen.
Und durchflammt auf einmal von mächtigem Triebe, zu singen,
Dichtet' er wohlgemeßnen Gesang in gebildeter Sprache.
Beim Uranfang des keimenden Alls die Arbeit beginnend
Und die fünf Zeiten alsdann durchwandernd des rollenden Weltlaufs,
Kam er zu Christi Geburt, der durch sein Blut voll Erbarmung
Unser Geschlecht dem Rachen entriß der graufigen Hölle."

Die göttliche Berufung des altsächsischen Dichters, wie sie in diesen Versen und im Anhang zu der Prosavorrede erzählt wird, ist eine mit dieser letztern im Widerspruch stehende spätere Fiktion und erscheint beinahe als eine bloße Wiederholung dessen, was das verwandte Volk der Angelsachsen in England von seinem geistlichen Dichter Kädmon (st. 630) zu berichten wußte: dieser, so erzählt schon hundert Jahre vor Ludwig dem Frommen der heilige Beda, sei von Gott im Traum zum Dichter berufen worden, nachdem er sich im Gefühle seiner Unkunst von einem Gastmahle weggestohlen, an dem jeder Teilnehmer etwas zur Harfe hätte singen sollen. Als Tatsache dagegen ist den Versen bei Flacius, wie schon der Prosavorrede, zu entnehmen, daß die im frühen Mittelalter schreibenden Verfasser derselben ein Gedicht oder eine Gedichtreihe gekannt oder vor sich gehabt haben, worin die biblische Geschichte von Adam bis Christus, in Fitten abgeteilt, enthalten war. Nach ihnen also hätte ein niederdeutscher Sänger (skôp — Schöpfer — heißt das damalige allgemein germanische Wort dafür) im neunten Jahrhundert nicht nur die Geschichte des Heilandes in deutschen Versen besungen, sondern auch die des alten Bundes, die man damals auf fünf Zeiten oder Jahrtausende schätzte, worauf die christliche Zeit als sechste folgte.

Die Nachrichten des gelehrten Kirchenhistorikers von 1562 blieben vorerst, wie es scheint, ohne weitere Prüfung auf sich beruhen. Erst zu Anfang des vorigen Jahrhunderts brachte sie Eccard in Verbindung mit einem Gedichte in altsächsischer Sprache und in Stabreimen, das in einer Handschrift zu London lag, bereits vor hundert Jahren von Franziskus Junius abgeschrieben und darnach im Jahre 1689 durch George Hickes in einzelnen Proben bekannt gemacht worden war. Dieses Gedicht war nun eben die altsächsische Messiade oder Evangelienharmonie, der später sogenannte Heliand, von dem vor nun hundert Jahren (1794) eine zweite vollständige Handschrift zu Bamberg — vermutlich ein Geschenk des Sachsenkaisers Heinrich II. an das von ihm gegründete Bistum — durch Gérard Gley aufgefunden und seither nach München gebracht worden, ein Stückchen vor kurzem auch in Prag aufgetaucht ist. Aus Hickes aber lernte der deutsche Messiassänger Klopstock den altsächsischen Dichter, seinen und Miltons frühen Vorläufer, kennen und beschloß, ihn herauszugeben und zu übersetzen. Er kam jedoch nicht dazu; die in der Folge (1768) auf einer englischen Reise des Dänenkönigs von C. F. Temler abgeschriebenen Stücke wurden einzeln 1787 zu Kopenhagen veröffentlicht. Schillers Schwager Reinwald machte dann zusammen mit Gley auf die Bamberger Handschrift aufmerksam und verschaffte sich aus England eine vollständige Abschrift der Londoner; seine Vorarbeiten benutzte endlich J. A. Schmeller bei der Herstellung der ersten Ausgabe des Gedichtes, das er im Jahre 1830 zu München drucken ließ und — nach dem altsächsischen Worte für den Heiland — Heliand nannte.

Seither besitzen wir also jenen alten Sänger Ludwigs des Frommen wieder; wenigstens wies das mutmaßliche Alter des nun gedruckten Werkes den unbekannten Verfasser der Zeit Ludwigs zu. Aber — wenn der Verfasser des Heliand wirklich mit dem Sänger bei Flacius eine Person war, so besaßen wir ihn nicht ganz. Ludwig der Fromme hat nach den Vorreden bei Flacius dem sächsischen Skop eine Bearbeitung des Alten und des Neuen Testamentes aufgetragen und dieser hat sie auch vollführt; hier im Heliand aber, mit seinen ungefähr 6000 stabreimenden Versen, hatten wir bloß das Neue, und zwar als selbständiges, ganz wie von vorn beginnendes und auf keinen ersten Teil zurückweisendes Werk. Hatten jene alten Vorredner irgend eine alttestamentliche Dichtung eines andern Poeten als den ersten Teil unserer Messiade angesehen? Hatten sie auf ein Buch, das die beiden Dichtungen nebeneinander enthielt, ihre Nachricht von der auf allerhöchsten Befehl angefertigten Bibeldichtung Alten und Neuen Testamentes erst aufgebaut? Oder war uns der alttestamentliche Teil in den auf uns gekommenen angelsächsischen Bibeldichtungen des sogenannten Kädmon erhalten und bildeten diese mit dem altsächsischen Heliand zusammen ursprünglich ein Werk, das in beiden Sprachen vorhanden war und wovon hier der vordere, dort der hintere Teil verloren gegangen war? Bezog sich am Ende der erste Teil der Nachricht auf eine vom Heliand gänzlich verschiedene Bibeldichtung? Oder waren die Vorreden, für die Flacius keine Quelle nannte, gar erst ein Machwerk der Humanistenzeit, und verdiente, bei der Selbständigkeit und Abgeschlossenheit unseres Heliand, dieser Bericht von der umfassenden altsächsischen Bibeldichtung gar keinen Glauben? Alle diese Vermutungen sind ausgesprochen worden; daneben hat man aber auch in der vorhandenen Litteratur nach Spuren der verlorenen Hälfte unserer Dichtung gesucht. Wilhelm Wackernagel in Basel hat noch in seinem letzten Lebensjahre durch eine scharfsinnige Abhandlung den Anfang der alttestamentlichen Dichtung nachzuweisen gesucht, die jene Vorredner als erſten Teil des Heliand vor Augen gehabt hätten: er fand dieſen Anfang in den Eingangsverſen des ſogenannten Weſſobrunner Gebets, die nach ſeiner Erklärung etwa ſo zu überſetzen wären:

> Das erfuhr ich unter den Menſchen als mächtigſtes Wunder,
> Daß Erde nicht war, noch Überhimmel,
> Noch Baum [noch Stein] noch Berg nicht war,
> Nicht ein einziger [Stern] noch Sonne nicht ſchien,
> Noch der Mond leuchtete noch das herrliche Meer.
> Da da nichts war der Enden noch der Wenden,
> Da war der eine allmächtige Gott,
> Ob allen Menſchen der mildeſte, und da waren auch manche mit ihm
> Herrliche Geiſter.

Dieſes ſogenannte Weſſobrunner Gebet iſt nämlich, obwohl in Baiern und vorherrſchend in bairiſcher Mundart aufgezeichnet, urſprünglich niederdeutſch, altſächſiſch gedichtet worden; Wackernagel hat es in derjenigen Form wiederhergeſtellt, in der es den Anfang der ganzen ſächſiſchen Bibeldichtung gebildet haben könnte. Aber er gibt ſelbſt zu, daß dieſe altteſtamentliche Dichtung, ſchon um 814 in Baiern aufgezeichnet, etwa zwei Jahrzehnte älter geweſen ſein müßte als der um 850 entſtandene Heliand. Das war alſo immer noch keine beſtimmte Spur der verlorenen vordern Hälfte unſeres einen altſächſiſchen Bibeldichters von 830; dieſer blieb, auch wenn das Weſſobrunner Gebet urſprünglich altſächſiſch war, uns halb verloren oder er war — im Widerſpruch mit den Berichten bei Flacius — nicht der Sänger der ganzen Bibel.

Da machte vor bald zwanzig Jahren Eduard Sievers eine neue merkwürdige Entdeckung. Das erſte Licht kam auch diesmal wieder aus England. Die britiſchen Inſellande, von wannen uns im achten Jahrhundert das Chriſtentum, im achtzehnten Anregung und Vorbild zur chriſtlichen Epopöie zugekommen iſt, haben ſchon in jener frühen chriſtlichen Zeit eine reiche religiöſe Poeſie beſeſſen, die bei der nahen Verwandtſchaft der angelſächſiſchen mit der deutſchen, insbeſondere altſächſiſchen Sprache, in vielfache Wechſelwirkung mit der ſich entwickelnden Litteratur Deutſchlands getreten iſt. In einer Handſchrift des neunten Jahrhunderts zu St. Gallen iſt der angelſächſiſche Sterbegeſang des ehrwürdigen Beda aufgezeichnet. Andererſeits iſt damals in ein angelſächſiſches Gedicht über das Alte Teſtament, die ſogenannte Kädmoniſche

Genesis, ein großes Stück aufgenommen (interpoliert) worden, das ursprünglich in Norddeutschland, in altsächsischer Sprache, gedichtet war. Das hat Sievers im Jahre 1875 aus den Sprachformen jenes Stückes, wie sie in der Handschrift des sogenannten Kädmon zu Oxford vorliegen, nachzuweisen versucht; diese Sprachformen sind nämlich teilweise nicht die angelsächsischen der übrigen Genesis-Abschnitte, sondern stimmen mit denjenigen des altsächsischen Heliand überein. Das Stück enthält, in teilweiser Wiederholung des von dem angelsächsischen Dichter an anderer Stelle bereits behandelten Stoffes, die Geschichte vom Sturz der bösen Engel und vom Sündenfall; Sievers erblickte scharfen Auges in diesen 617 angelsächsischen Versen (wovon allerdings 30—50 vielleicht nicht direkt der altsächsischen Urschrift entsprechen) einen Teil der verloren gegangenen alttestamentlichen Bibeldichtung des Heliandsängers. Diese Vermutung fand vielfache, jedoch keineswegs allgemeine Zustimmung; man erkannte den eigenartigen Sprachcharakter jenes Stückes an, suchte ihn aber teilweise anders zu erklären, z. B. dadurch, daß ein in England ansässiger Niederdeutscher jenen Abschnitt verfaßt und in das angelsächsische Werk eingeschoben habe. Die Existenz einer die ganze Bibel umfassenden Dichtung unseres Altsachsen, die Richtigkeit der Nachricht des Flacius und seiner Vorgänger über diese Dichtung war und blieb unerwiesen.

Im März des jetzt ablaufenden Jahres nun machte der Heidelberger Oberbibliothekar Karl Zangemeister, der vor wenigen Jahren die berühmte sogenannte Manessische Minnesängerhandschrift aus Paris ins deutsche Land zurückgebracht hat, im Auftrag des Badischen Ministeriums eine bibliothekarische Reise nach Rom. Dort, in der Büchersammlung des Vatikans, liegt seit den Tagen des unglücklichen Winterkönigs Friederich_ von der Pfalz noch heute der größte Teil jener kostbaren Handschriftensammlung, die Kurfürst Maximilian von Baiern im Jahre 1622 aus der Kirche zum heiligen Geist in Heidelberg fortgeschleppt und dem heiligen Vater zum Dank für die geleistete Hilfe über die Alpen zugeschickt hat. Der vorletzte der von Zangemeister durchgesehenen Bände dieser Bibliotheca Palatina des Vatikans war ein Heft von 52 Pergamentblättern in Folio, astronomisch-kalendarische Abhandlungen und nekrologische Notizen enthaltend, deren Nachträge auf Sachsen, Magdeburg, die Umgebung Kaiser Heinrichs I., als Aufbewahrungsort der

Handschrift im neunten und zehnten Jahrhundert hinweisen. Dieses im fünfzehnten Jahrhundert der Dombibliothek zu Mainz gehörige Heft hatte nun ein fränkischer Schreiber des neunten oder zehnten Jahrhunderts benutzt, um auf zwei ganz und vier teilweise leergelassenen Seiten Stücke in altsächsischer Sprache einzutragen, die sich als Abschnitte unserer bisher nur zur Hälfte bekannten Bibeldichtung herausstellten. Und zwar größtenteils als alttestamentliche Abschnitte dieser Bibeldichtung (zusammen 337 Doppelverse aus der Genesisgeschichte, dem „ersten Buch Mose"), neben denen aber auch das Neue Testament mit einem die ganz gleichen Sprachformen zeigenden Abschnitt (80 Versen über die Bergpredigt) vertreten ist: ein Beweis, daß der Schreiber eine die neu- und die alttestamentlichen Stücke umfassende Handschrift vor sich hatte, ebenso wie sie Flacius und wie sie sein Gewährsmann vor sich hatte, dessen streng zeitgenössische Angaben auch hinsichtlich der Einheitlichkeit des Verfassers beider Teile nunmehr volle Glaubwürdigkeit erhielten. Wenn uns also auch einstweilen noch nicht das vollständige alttestamentliche Gegenstück zum Heliand gegönnt ist, so haben wir nun doch in dieser Auswahl von Fragmenten aus beiden Teilen den sichern Beweis in Händen, daß es wirklich ein solches Gegenstück gab, und zwar aller Wahrscheinlichkeit nach ein Gegenstück aus der Hand eines und desselben Dichters. Und um den Wert des Fundes voll zu machen, enthält dieser unter den alttestamentlichen Abschnitten ein Stück von 26 Versen, die gerade noch hineinfallen in die 617 von Sievers aus dem Angelsächsischen für unsern Dichter in Anspruch genommenen Verse von den bösen Engeln und vom Sündenfall; wir besitzen nun also einen Abschnitt von 26 Versen, die Klage Adams enthaltend, doppelt: in der angelsächsischen Orforder und der altsächsischen Römer Handschrift, und können daraus entnehmen, daß der angelsächsische Bearbeiter jenes großen Stückes vom Sündenfall sich, unter Abänderung der unangelsächsischen Sprachformen und möglichster Beseitigung der dem Angelsächsischen nicht geläufigen Ausdrücke, sehr genau an den Urtext angeschlossen hat. Damit ist uns also auch dieser früher schon entdeckte Abschnitt der alttestamentlichen Dichtung erst recht geschenkt; die 600 angelsächsischen Verse können nun erst sicher als ein Werk unserer Litteratur gelten, das wir in sie zurücküberseten können mit gleicher Sicherheit, wie wir heute ein ins Schwäbische umgeschriebenes

Gedicht Hebels in der ursprünglichen „alamannischen" Form wiederherstellen könnten, wenn uns diese verloren wäre. Mit den über 300 völlig neuentdeckten Versen haben wir jetzt den 6000 des Heliand gegen 1000 Verse der verschollen gewesenen alttestamentlichen Bibeldichtung gegenüberzustellen, und der alte Verfasser der Vorrede des neunten Jahrhunderts, wie der Entdecker des altsächsischen Genesisstückes zu Oxford im neunzehnten, sind durch den Fund von 1894 beide gleich glänzend gerechtfertigt.

Es war einst einer der schönsten Triumphe der Wissenschaft, als Galle in Berlin nach den genauen Berechnungen Leverriers in Paris, die sich auf die Störungen des Uranuslaufes stützten, durch sein Fernrohr den Neptun an der ihm bezeichneten Stelle des nächtlichen Himmels fand. Mit dieser Entdeckung läßt sich diejenige der alttestamentlichen deutschen Bibeldichtung an allgemeinem Interesse natürlich nicht vergleichen; aber die Art, wie man sich dem Gegenstande jener seit 332 Jahren bekannten litterarischen Notiz Schritt für Schritt genähert hat, wie man ihn entdeckt zu haben glaubte und dann wirklich halb entdeckte, bis ihn fleißige Forschung endlich fast wie von ungefähr am Wege fand und die frühere Entdeckung erst endgiltig sicherte, ist in ihrer Art ebenso merkwürdig und mußte die verdienten und glücklichen Finder, Sievers und Zangemeister, mit demselben berechtigten Stolz erfüllen, wie ihn vor bald fünfzig Jahren jene beiden Astronomen in Paris und in Berlin empfanden.

„Es haben ihr eigen Schicksal die Bücher," sagt der alte Terentius Maurus. Im neubekehrten Sachsenlande während einer glänzenden Reichsversammlung fordert der Sohn des großen Karl einen bei seinem Volke gefeierten Sänger auf, die Schöpfung und die ganze heilige Geschichte bis zur Erlösung in deutsche Verse zu bringen; in der Einsamkeit des alten Klosters an der Ruhr wird der Auftrag aus- und zu Ende geführt; Abschriften seines zweiten, offenbar populärern Teils kommen nach Bamberg, nach London, nach Prag und beschäftigen in der Folge die vorzüglichsten Freunde und Kenner des deutschen Altertums; das Gesamtwerk taucht im 16. Jahrhundert in Basel oder Jena auf, um seither, vermutlich für immer, zu verschwinden; ein Stück des vordern Teils wird trotz fremder Einkleidung und Tracht zu Oxford erkannt und heimgewiesen und endlich erscheint ein anderes Stück jenes verlorenen Teils in der Urform zu Rom — und erst durch dieses haben wir die Gewißheit, daß jenes Gesamtwerk wirklich existiert und jenes Stück zu Orford ihm angehört hat.

Aber ich fürchte — und hoffe es doch zugleich —, Sie werden ob dieser weitläufigen Entdeckungsgeschichte ungeduldig sein, endlich von der Entdeckung selbst etwas zu hören. Oder versprechen Sie sich am Ende nicht viel davon, weil es eine Entdeckung aus christlicher Zeit, nicht eine aus der alten nationalen Kulturperiode ist, weil es sich um die Bearbeitung eines für uns fast abgedroschenen fremden Stoffes und nicht um ein freies Dichterwerk aus dem Volksgemüt oder dem Gemüt eines Einzelnen heraus handelt? Gewiß, die Vorliebe für das alt-Nationale gegenüber dem fremd-Christlichen ist eine begreifliche Reaktion gegen das seinerzeit der alten deutschen Naturreligion und Naturmythologie vom Christentum angetane Unrecht, infolgedessen sich diese nicht — wenigstens nicht litterarisch — zur freien Mythenbildung entwickeln konnte. Aber bei uns im 8. und 9. Jahrhundert trat das Christentum dem Heidentum einfach als die bei weitem höhere Kultur gegenüber und konnte die Kunst und Poesie ganz anders begeistern als das bereits von ihr durchsetzte und deshalb nicht mehr lebensfähige Heidentum, und auf die Begeisterung, auf die Stimmung kommt es ja vor allem an bei der Wertung eines Kunstwerkes, sei nun sein Stoff aus dem eigenen oder einem fremden Volksgeiste, aus freier Erfindung oder litterarischer Ueberlieferung geschöpft. Und wenn wir gegen Kong-fu-Tse und Zoroaster und Homer und andere „blinde Heiden" längst gerecht geworden sind, so dürfen wir es auch gegen den Apokalyptiker Johannes und den heiligen Franziskus und andere blinde Christen wie den altsächsischen Bibeldichter in vollem Maße wieder werden, sofern wir nur Poesie und Stimmung in ihnen finden. Und gerade je mehr wir erkennen, daß auch sie einer heute abgestorbenen Religion angehören, desto gerechter werden wir ihnen werden können. — Bedenken wir dabei, daß diese Poesie der alten christlichen Deutschen wirklich ein Teil der nationalen Kultur war und nicht bloß als üppige fremde Pflanze neben ihr erwuchs wie etwa die der Ritter im spätern Mittelalter, — daß die Gesänge des Heliand und der Genesis in ihrer alten volksmäßigen Versform bestimmt waren, Abschnitt für Abschnitt dem Volke, das ja nicht lesen konnte, feierlich vorgetragen — wohl als eine Art Katechese in der Kirche vorgetragen und so von ihm auswendig gelernt zu werden: so werden wir neben dem künstlerischen auch den Kulturwert dieser Verdeutschung der neuen christlichen Mythologie und Glaubenslehre nicht gering anschlagen. Soviel zur vorläufigen Verständigung über den Wert dieser Poesie, an die wir nun empfänglich und vorurteilslos herantreten wollen.

Die altsächsischen Eintragungen der Vatikanischen Handschrift, die vor drei Monaten durch Wilhelm Braune in den Heidelberger Jahrbüchern mustergiltig herausgegeben worden sind, enthalten folgende Stücke:

1. den Anfang der Bergpredigt aus dem Heliand, also schon bekannt, aber wichtig als Stoff zur Vergleichung mit den andern Texten, von denen der unsrige unabhängig ist, sowie namentlich als weiterer Beitrag zur Feststellung der ursprünglichen Mundart des Dichters, der auch danach in der Gegend von Werden, an der Grenze des Sächsischen und des Fränkischen, zu suchen ist;

2. den Anfang der Klage Adams nach dem Sündenfall, bisher nur in angelsächsischer Uebertragung bekannt; sodann, völlig neu:

3. zwei Abschnitte der Geschichte von Kains Brudermord;

4. zwei Abschnitte der Geschichte von der Zerstörung Sodoms.

Die Klage Adams ist also ein Teil der ganzen dem altsächsischen Dichter angehörenden Geschichte von den bösen Engeln und vom Sündenfall, die wir bereits aus jener Oxforder Handschrift kannten und jetzt zusammenhangend nach dem angelsächsischen und dem altsächsischen Text durchgehen wollen. Dieser Geschichte gieng natürlich im Gesamtwerk die der Schöpfung voran; in der Schilderung des uranfänglichen Nichts, der aber gewiß eine breitere Einleitung in der Art des Helianbeingangs voranstund, könnten dabei leicht jene auch in der altisländischen Poesie anklingenden ältern dichterischen Formeln in altsächsischer Sprache benutzt worden sein, die uns in den Versen des Wessobrunner Gebets mit ihrer heute noch rätselhaften Ueberschrift De poeta — Vom Dichter — als Uebertragung aus dem Altsächsischen erhalten sind. Die Erzählung von Schöpfung und Sündenfall bildete dann mit den übrigen Geschichten aus dem Buch der Genesis eine zusammenhangende und in sich abgeschlossene Genesisdichtung, der vermutlich eine

entsprechende Exodusdichtung folgte (wie wir solche Dichtungen im Angelsächsischen wirklich besitzen), und so fort durch die wichtigsten geschicht-
lichen Bücher des Alten Testaments.

Das uns erhaltene Stück der altsächsischen Genesis, das auf die erste
Anzeige des Vatikanischen Fundes hin bereits in Rudolf Kögels
Litteraturgeschichte als ein Stück altdeutscher Poesie anerkannt und ein-
gehend besprochen worden ist, beginnt mit der Warnung des ersten
Menschenpaars vor dem Baum der Erkenntnis. In unsern Bibeltexten
ergeht das Verbot nur an Adam; unser altsächsischer Dichter (der für
den Heliand aus dem Tatian und aus zeitgenössischen Bibelerklärern
geschöpft hat) folgt hier und weiterhin der Darstellung des Avitus von
Vienne, dessen Gedichte vom Anfang der Welt und von der Erbsünde
er überhaupt neben der Bibel als Quelle benutzt hat. Wie Avitus, aber
in viel breiterer Ausführung, läßt er sodann die Erzählung vom Sturze
der bösen Engel folgen, weil er diesen als Ursache des Sündenfalls hin-
stellen will. Zehn Engelgeschlechter, erzählt er, hatte der allwaltende
Gott sich geschaffen — es sind jene zehn Engelchöre der Cherubim, der
Seraphim, der Trone, der Herrschaften u. s. w., die die alte Kirche
aus verschiedenen Stellen des Alten und Neuen Testaments sich zurecht-
gemacht hat und von denen die neun treugebliebenen noch heute im
Bilde das Gewölbe in der Vorhalle unseres Münsters schmücken —;
einer ihrer Heerführer empört sich gegen Gott und fordert auch seine
Untergebenen zum Abfall auf — die Erzählung ergeht sich hier in jenen
langen, den Körper der Dichtung wie ein weites Prachtgewand um-
wallenden stabreimenden Versen, wie wir sie aus manchen Stellen des
Heliand kennen —:

Gewirkt hatte er sie so wonnevoll,   Einen hatte er so gewaltig geschaffen,
So mächtig in seinem Gemüte,   er hatte ihm solche Macht verliehen,
Die höchste nach ihm im Himmelreiche.   Er hatte ihn so herrlich geschaffen;
So wonnig war sein Wesen in den Himmeln,   das ihm kam vom Walter der Heerscharen;
Er leuchtete wie die lichten Sterne.   Das Lob sollte er des Herrn verkünden,
Verherrlichen die Freuden des Himmels   und sollte seinem Herrn danken
für die Lust die er ihm in seinem Lichte gewährte,   solange er's ihm zu genießen gönnte.
Aber er wandte seinen Willen zum Bösen,   begann Widerstand zu leisten
Dem höchsten Himmelsvater,   der da sitzt auf dem heiligen Stuhle.

Dann die Rede des Empörers, anfangs wieder in kürzern Versen und durchweg ein trotziges Selbstgefühl ausdrückend, das der sächsische Dichter des 9. Jahrhunderts wohl nach lebenden Modellen malen konnte:

Was soll ich mich mühen?   im mindsten nicht bedarf ich,
Einen Herrn zu haben;   ich mag mit Händen so viel
Wunders gewirken;   mir ist Gewalt verliehn,
mir zu erbaun   einen bessern Stuhl,
einen höhern im Himmel.   Was soll ich um seine Huld dienen,
mich ihm beugen so in Ergebenheit: ich kann Gott sein wie er!
Es stehn mir starke Genossen bei: die werden mich im Streit nicht verlassen,
Die hartgemuten Helden!   Mich haben zum Herrn erkoren
Reisige Recken: mit solchen mag man Rat erdenken,
fassen mit solchen Volksgenossen!   Freund sind sie mir eifrig,
hold mir von Herzensgrund: ich will ihr Herr sein,
der Rater dieses Reiches;   denn recht nicht dünkt mich's,
daß ich abschmeicheln   irgend sollte
von Gott der Güter eines;   nicht länger will ich sein Untergebner sein!

Aber der Prometheische Trotz wird bestraft; der Engel wird von seinem hohen Stuhle gestoßen und fällt drei Nächte und drei Tage lang hinunter in den Grund der Hölle, in die tiefen Täler, wo er zum Teufel, zum Satan wird, wo des Abends sich immer erneuendes Feuer brennt, morgens scharfer Wind Frost bringt, — mit ihm seine aufrührischen Genossen. An Händen und Füßen gefesselt, wehklagt Satan in zorniger Rede über seinen Fall; sein Haß wendet sich besonders gegen Gottes Lieblingsgeschöpfe Adam und Eva, deren Geschlecht einst seinen Ort im Himmelreiche wieder zu füllen bestimmt ist. Könnte einer seiner Genossen auch sie von Gott abwendig machen, daß dieser ihnen gram würde, dann schiene ihm sein Elend leicht zu ertragen; ewiger Lohn würde dem zu teil, dem das gelänge; einen Tron verspricht er dem, der ihm die Kunde bringt, daß die Menschen von Gott abgefallen sind.

Diese enge ursächliche Verbindung des Sündenfalls mit dem Zorne des gestürzten Satan (wie sie später allerdings öfter, z. B. auch bei Milton, erscheint) tritt bei unserem Dichter zum erstenmal in der Litteratur auf; sie bereitet trefflich die nun folgende Scene auf der Oberwelt vor. Einer der Genossen macht sich auf; er bindet sich die Tarnkappe aufs Haupt fest und fliegt durch das Tor der Hölle und über das sie umgebende Feuer weg bis zu dem wonnigen Garten, wo Gottes Handgeschöpf Adam steht, neben ihm seine Gattin, der Weiber wonnigstes, vor ihnen der schöne Baum des Lebens und der dunkle des Todes, wie der Bearbeiter abweichend von der Genesis (wie auch von Avitus) dichtet. Der tückische Teufelsbote wandelt sich in eines Wurmes Leib und windet sich um den dunkeln Baum, bricht eine Frucht und wendet sich an Adam als angeblicher Bote Gottes mit einer verlockenden Rede, die der Dichter völlig selbständig erfunden hat und womit er den Sündenfall als ein unmittelbares Werk der Hölle und ihrer Arglist, nicht vornehmlich, wie in der biblischen Quelle, der Schwäche und des Vorwitzes darstellt. Adam, den Trug durchschauend, weist in männlich fester Rede den Versucher von sich; da macht sich dieser an Eva, ihr klagend, wie er von ihrem Gatten abgeführt worden sei; er wolle aber alles vergessen, wenn sie diesen dazu bringe, von der Frucht zu essen. Und das Weib hat „weichern Sinn" als der Mann; „sie aß da des Obstes, brach des Allwalters Wort und Willen". Und etwas wie Kritik regt sich in den Worten des Dichters: „Das ist ein großes Wunder, daß der ewige Herr irgend jemals das wollte dulden, daß der Degen so viele durch so lügnerische Lehren verleitet würden!" Ein Blendwerk des Verführers zeigt nun dem Weibe alle Herrlichkeit Himmels und der Erde; in den Händen an ihrem Herzen den Apfel tragend (man denkt an Maler der deutschen Renaissance, die Eva dem Gatten statt des Apfels die Brust bieten lassen) geht sie zu Adam und schildert ihm, wie sie jetzt durch Gottes Gabe die ganze Schöpfung durchschaue und den Jubel des Himmels höre, wie sie Gott fern im Südosten auf seinem Trone sitzen und die Engel in Federkleidern ihn umschweben sehe. Und ihre Rede und des Feindes Anreizung bringen auch ihn zu Fall; der bittergesinnte Bote frohlockt und geht seinen Erfolg dem gefesselten Herrn in der Hölle zu melden. Aber in Reue und Buße verzehren sich nun die Gefallenen; sie bitten auf den Knieen Gott um Verzeihung und Adam klagt mit sanftem Vorwurf die Genossin an. Diese Klage muß den Schreiber unserer Vatikanischen Fragmente besonders gerührt haben; sie ist das erste Stück, das er sich abgeschrieben hat, vermutlich zum eigenen Gebrauch als Vortragsstoff, als Predigt: „Wahrlich du hast, Eva, unser Geschick schlimm gestaltet! Nun magst du die schwarze Hölle gierig gähnen sehen, nun magst du sie von hier wüten hören: nicht gleicht das Himmelreich solchem Flammenpfuhl: das war aller Länder schönstes, das wir durch unsres Herrn Gnade bewohnen durften, sofern du dem nicht gehorcht hättest, der uns diesen Harm bereitete, so daß wir des Herrschers Wort übertraten, des Himmelskönigs!" Und nun malt er der Geliebten das elende Leben aus, das sie fortan unter Hunger und Durst, Wind und Hagel, Frost und Hitze — die Nackenden — führen werden, weil sie den mächtigen waltenden Gott erzürnt haben. „Nun mag mich das reuen," so beklagt Adam, wiederum von der Quelle abweichend, eine wie es scheint früher getane Bitte, „daß ich je bat den Himmelsbeherrscher Gott, den guten Waltenden, daß er dich mir erschuf aus meinen Gliedern, nun du mich verleitet hast, daß mein Herr mir Haß trägt; drob mag mich's nun reuen mein Leben lang, daß ich dich mit Augen gesehen!"

Eva, der Frauen schönste, der Weiber wonnigste, erwidert nur die Worte:

„Wohl magst du mir's vorwerfen, mein Freund Adam,
mit deinen Worten, doch wahrlich nicht kann es
mehr dir leid sein, als es meinem Herzen ist!"

Und nun kleiden sie sich nach Adams Rat in das Laub des Waldes und harren dann betend, was Gott über sie beschließen wird.

Das zweite alttestamentliche Fragment unserer Handschrift besteht aus zwei vollständigen durch große Anfangsbuchstaben ausgezeichneten Abschnitten (vitteas), denen ein weiterer den Tod Abels erzählender vorausgegangen sein muß. Unser Stück beginnt mit einer selbständigen Schilderung des Dichters, wie Kain den erschlagenen Bruder liegen läßt im tiefen Tale am Ufer eines Flusses. Aus dem im Folgenden zu Grunde liegenden Gespräch der biblischen Quelle führt er die Strafrede Gottes und das Sündenbekenntnis Kains wirksam aus und läßt dann Gott dem Mörder seine Strafe verkündigen: Friedlosigkeit bis zum Tode, Entbehrung von Gottes Angesicht und endlich das Feuer der Hölle. Wenn die originale biblische Dichtung den Nachdruck auf das unstete und flüchtige Fortleben des von Gott Gezeichneten legt und damit vielleicht eine höhere Strafweisheit verrät, so hat offenbar der deutsche Bearbeiter durch die Ankündigung des Todes und der ewigen Höllenqualen seinem einfachen Gerechtigkeitsgefühl mehr Genüge zu tun gesucht und zeigt sich auch hierin wieder als selbständigen Dichter.

Nach Kains Weggang wird nun im zweiten Abschnitt in freier
Ausführung der Schmerz der Eltern geschildert; in glücklicher poetischer
Anschauung erscheint da Eva, das Gewand des toten Sohnes waschend
und schmerzvoll seiner gedenkend:

> Des ward Adams Herz Innen in der Brust
> sehr voll Sorgen, da den Sohn er tot sah,
> und so auch die Mutter, die das Mannkind genährt,
> das geborne, am Busen. Da sie das blutige
> Gewand wusch des Toten, da ward wund ihr Herz.
> Kummer schuf ihr da nicht nur ihres Kindes Tod,
> Des Helden Hinfahrt, sondern daß mit seiner Hand begangen
> Kain solchen Mord; sie hatten da der Kinder nicht mehr,
> Der lebenden im Lichte.

Am Strande — demselben vermutlich, an dem sie einst den Erschlagenen gefunden — beweinen die unglücklichen Eltern ihre Sünde,
für die sie Gott jetzt mit Kinderlosigkeit strafe. Das führt hinüber zur
Erwähnung des ihnen daraufhin geschenkten Sohnes Seth und seiner
Geschwister; unter seinen Nachkommen, die mit denen Kains ein hartes
und wildes Geschlecht von Riesen zeugen, wird sodann Enoch als tugend-
haft und weise hervorgehoben, weshalb ihn Gott lebendig der Welt ent-
rückt hat. Hieran knüpft der Dichter nun — als völlig selbständige und
trefflich abschließende Zutat, die sich auch bei „Kädmon" nicht findet —
den mittelalterlichen Mythus vom Antichrist an, der am Ende der Tage
den vom Himmel zurückkehrenden Enoch bekämpfen und töten werde,
worauf seine Seele zu Gott entschwebt, der Antichrist aber durch das
Schwert eines Engels fällt und die zu Gott bekehrte Menschheit ruhig
den Gerichtstag erwartet: wir besitzen fortan hierin ein Gegenstück zu
der Schilderung des (wahrscheinlich von dem kaiserlichen Sohne Ludwigs
des Frommen aufgeschriebenen) althochdeutschen Gedichts Muspilli, wo
der andere göttliche Zeuge, der ebenfalls nicht gestorbene Elias, den
letzten entscheidenden Kampf mit dem Antichrist zu bestehen hat.

Dergleichen Belehrungen aus der kirchlichen Tradition entsprechen
wiederum dem homiletischen Charakter, den unser Werk gleich dem
Heliand trägt: solche Mitteilungen mußten beim mündlichen Vortrag
dieser Gesänge durch den Geistlichen bedeutend besser haften als die
prosaische Predigt. Als dem heiligen Aldhelm in England seine Leute

aus der Predigt liefen, stellte er sich ihnen als Sänger in den Weg und sang seine Predigt, und sofort kehrten sie willig in die Kirche zurück. So groß war bei diesen alten deutschen Stämmen die Vorliebe für das gesungene Wort, so wichtig dessen Gebrauch für die Prediger des neuen Glaubens.

Das letzte und längste der neuen Genesisstücke besingt ebenfalls in zwei Abschnitten (vitteæ), die zweien Genesiskapiteln (mit Verkürzung des zweiten) entsprechen, die Zerstörung Sodoms. Avitus hat diese Erzählung von Loth und seinem Weibe als eine Art Gegenstück an diejenige von Adam und Eva angeschlossen; unser Dichter folgte, wie die Aufnahme der Kainsgeschichte zeigt, in eingehender Erzählung dem biblischen Texte. Nach dem Brudermord mag er zunächst in zwei oder drei Abschnitten die Geschichte Noahs, des Turmbaus zu Babel und den Anfang derjenigen Abrahams behandelt haben; anderes dagegen hat wohl — im Gegensatz zu dem sogenannten Kädmon, der uns weder die Geschlechtsregister der Patriarchen, noch die unsauberen Geschichten von Noahs Söhnen und von der Sarah in Aegypten schenkt — der mit seelsorgerischer Absicht sorgfältig auswählende altsächsische Dichter einfach übergangen. Als solchen erweist er sich nun besonders auch hier in der Geschichte von Sodom. Er läßt vorerst die Erzählung von der lachenden alten Sarah weg; dann vereinfacht er die Scene, in der Abraham den Herrn für Sodom bittet, indem er die Zahl der Gerechten, die zur Bedingung der Schonung gemacht wird, nicht einförmig fünfmal je um zehn heruntersetzt, sondern den Abraham nur von 50 auf 30 und auf 10 heruntermarkten läßt. In frommer Scheu und poetischem Sinn läßt er ferner die in der Genesis für Sodom bezeichnenden Frevel und den Vorschlag der Auslieferung von Loths Töchtern weg; mit einer sonst im Mittelalter unerhörten Freiheit läßt er die Sodomiten statt jener Untaten einfach Mord und Gewalttat begehen. Auch die in der Quelle das Kapitel beschließende Geschichte von den Vergehungen Loths und seiner Töchter, worauf jüdischer Nationalhaß den Ursprung der Nachbarvölker Moab und Ammon zurückführte, konnte unser Dichter — wiederum abweichend von seinem angelsächsischen Vorgänger — nicht brauchen; er schließt den in der Art eines Jüngsten Gerichts geschilderten Untergang Sodoms, und damit seinen Gesang, höchst wirksam ab mit der Versteinerung von Loths Weib. — Und wie in der Auswahl, so bewährt sich unser Dichter wiederum in der poetischen und volksmäßigen Belebung seines Stoffes. Abraham empfängt den Herrn mit den untertänigen Reden eines deutschen Gefolgsmanns an seinen Lehensfürsten und handelt mit ihm unter vielfachen das Original weit überbietenden Entschuldigungen, wie sie einem sächsischen Dienstmann in solcher Lage zukamen: er nennt sich seinen leibeignen Knecht, ihm hold und hörig; Gott ist sein guter Herr, ihm milde mit Geschenken; er steht in Gottes Lehenschaft und glaubt an ihn; „Du richtest so recht," bittet er ihn dann, „du reicher Herr! so du nicht willst, daß dort gutgesinnte Menschen der Uebeltäter Werk entgelten — obgleich du Gewalt hast es zu tun —, so darf ich wohl dich fragen, ohne daß du mir darob gram wirst, reicher Gott des Himmels: wenn du dort findest fünfzig fromme Menschen, liebevolle Leute: darf dann ohne Schaden das Land, Herr, mit deinem Willen bewahrt bleiben?" — Loth küßt die Kniee der ankommenden Engel; er bittet sie sittig in seinen Saal und bietet ihnen alles Gut, das ihm Gott geschenkt. — Naturvorgänge wie das Hereinbrechen des Abends, das Nahen des Morgens, werden malerisch ausgeführt: „Da zum Sitze sich neigte die leuchtende Sonne, der Himmelszeichen hellstes (allôrô bôknô beratôst heißt es in der vollklingenden altsächsischen Sprache), da stund er vor dem Stadttor; da sah er durch den Abend zween Engel gehen zu den Häusern, von Gott kommend", und wiederum: „Schwarz schritt fürder die lastende Nacht mit ihren Wolken, es nahte der Morgen; bei allen Wohnungen zumal sang der Morgenvogel vor dem aufsteigenden Tage" (ûhtfugal, der Vogel der Morgendämmerung — mit jenem alten germanischen Wort für Morgenfrühe, Morgenweide und dann Weide überhaupt, wovon wohl auch unser Üechtland, Weideland, den Namen hat). — Und vollends die Katastrophe, die Zerstörung der Stadt, wird zu einem Gemälde im Stil der Apokalypse, das gleichzeitig auch an die von dieser beeinflußten germanischen Mythen von Ragnarök und vom Muspilli erinnert:

> Da erscholl gewaltig Getöse und schlug an den Himmel,
> ein Brechen und Bersten: die Burgen alle
> füllten mit Rauch sich; das Feuer stürzte
> vom Äther herab; es scholl Ächzen Sterbender,
> leidiger Leute: die Lohe erfaßte alles,
> die breiten Burggesäße: es brannte zumal
> Stein und Erde ...

Brennender Schwefel gießt sich siedend aus über die Wohnstätten; das Land sinkt in sich zusammen, im Abgrund verschwindet die Erde, zerstört wird ganz Sodomreich und erstirbt zum Toten Meer, wie es heut noch steht, mit Flut gefüllt — diese geschichtliche Bemerkung vom tôdsêu hat der Dichter offenbar wieder aus der kirchlichen Litteratur der Zeit eingeschoben —; „Da hörten sie dort," so schließt er,

	den Tod der Leute,
den Brand der Burgen:	da blickte rückwärts
das wohlgeborne Weib:	sie wollte nicht Gehorsam
der Engel Lehre leisten:	das war Loths Gattin,
so lang sie im Lande	das Leben hatte.
Da sie am Berge stillstand	und blickte nach rückwärts,
da ward sie zu Steine,	allwo sie nun stehn soll,
den Menschen zur Märe	über den Mittelkreis (Welt)
auf ewige Zeit,	so lang diese Erde dauert.

Man erwäge den Eindruck, den eine solche malerische Schilderung bestrafter Sünde in der nationalen poetischen Form beim Vortrag als Predigt auf die wilden Sachsen des neunten Jahrhunderts machen mußte!

Hiemit schließen unsere Vatikanischen Fragmente der altsächsischen Bibeldichtung. Ob sie nicht auch einmal, wie jene Manessische Minnesängerhandschrift, wieder unser, wieder deutsch werden, nach Deutschland zurückkehren könnten, von wo blinder Glaubenseifer der Väter sie entfremdet hat, diese Zeugnisse frommen Glaubens und Dichtens der Urväter? Könnte der jetzige Heilige Vater sich als Vater der Christenheit und als hochgebildeten Mann schöner beglaubigen, als indem Leo XIII. dieses für Italien fast wertlose Denkmal alter deutsch-christlicher Kultur, die dort in Sachsen ein Leo III. begründen half, an eine befreundete deutsche Regierung wieder zurückschenkte, wie es seinem Vorgänger von einem deutschen Fürsten geschenkt worden ist? —

Und ob sich nicht mit der Zeit da oder dort noch Reste des ganzen alten Buches wiederfinden könnten, das im 9. Jahrhundert in Deutschland entstanden und im 16. noch dort gewesen ist? Die Hoffnung darauf ist nach einem solchen Funde weniger als je aufzugeben.

Daß das vollständige alttestamentliche Werk in der Tat eine Arbeit des Helianddichters und mit der in den Vorreden bei Flacius erwähnten identisch sei, läßt sich, insbesondere nach den sorgfältigen Vergleichungen der Sprache durch Braune, kaum mehr bezweifeln; denn an eine Erfindung des Flacius oder seiner Zeit ist wenigstens für den ersten Teil der Prosavorrede — mit jenem uralten Ausdruck vittea! — gar nicht zu denken, und ein Vorredner jener Urzeit hätte das von Ludwig dem Frommen veranlaßte Werk nicht als ein so einzigartiges gepriesen, wenn es damals im Sachsenlande noch weitere ähnliche Dichtungen und Dichter gegeben hätte. Gesetzt aber auch, jener — noch zu Lebzeiten Ludwigs schreibende — Vorredner hätte die in seiner Handschrift nebeneinanderstehenden Bearbeitungen des Alten und des Neuen Testamentes irrtümlich für das Werk jenes einzigen Dichters gehalten, so beweist doch seine Meinung und Erzählung von diesem einheitlichen Dichter, daß wenigstens das Neue Testament, unser „Heliand", neben dessen drei — jetzt vier — bekannten Handschriften die Vermutung einer etwa daneben vorhanden gewesenen andern neutestamentlichen Dichtung sozusagen keinen Raum mehr hat, seinen hohen Vorstellungen von jenem berühmten Werke und seinem Dichter entsprach, und das muß uns für den Heliand genügen. Da nun aber weiter die neugewonnenen alttestamentlichen Stücke in Anlage und Ausführung ebenso oder noch mehr auf der Höhe der damaligen Kunst stehen als der Heliand, so werden die beiden gleichartigen und gleichwertigen Werke, die der Verfasser der alten Vorrede des 9. Jahrhunderts kannte, und die beiden gleichartigen und gleichwertigen Werke, die wir jetzt wieder, wenigstens teilweise, aus Handschriften des 9. Jahrhunderts kennen und neben denen wir beidemal keine Spuren verwandter Werke finden, eben auch beidemal dieselben sein und es wird auch ihr Dichter derselbe sein: eben der in jener zeitgenössischen Nachricht gepriesene Sänger Ludwigs des Frommen. Höchstens darin ist diese Nachricht wohl nicht ganz wörtlich zu nehmen, daß der Sänger mit der Schöpfung begonnen und von da aus weitergehend sein Werk zu Ende geführt, also wohl mit dem Heliand geschlossen habe. Die größere Knappheit und Gedrängtheit der Darstellung in der Genesisdichtung, ferner der beiderseitige Wortschatz, endlich und vornehmlich der wie von vorn beginnende Eingang des Heliand, sprechen dafür, daß er zuerst diesen und dann erst die Genesis und die weitern alttestamentlichen Dichtungen geschrieben hat, ebenso wie siebenhundert Jahre nach ihm Luther das für das Volk wichtigere Neue Testament vor dem Alten übersetzte. Jene älteste Nachricht nahm einfach die in der Handschrift vorliegende Reihenfolge der Dichtungen ohne weiteres auch für die geschichtliche.

Was unser vollständiges Werk von alttestamentlichen Geschichten außer den besprochenen Genesisstücken noch weiter enthielt, können wir natürlich nur ungefähr vermuten: jedenfalls die Erzählungen von den Patriarchen als den Vorfahren Christi, sowie von seinen königlichen Ahnherren: dem Krieger und Sänger David und dem weisen Richter und Tempelerbauer Salomo; auch die Heldengestalten der Richter und die Idylle von Ruth wird sich der Sänger des Heliand, der milde sinnige Sohn eines kriegerischen Volkes, kaum haben entgehen lassen. Dieses Werk, wahrscheinlich umfangreicher als der Heliand, war so wenig wie dieser ein Epos, sondern gleich ihm eine Reihe von poetisch gehaltenen Homilieen, d. h. Erzählungen und Erläuterungen von Bibelabschnitten, die man daher beidemal nicht einseitig nach ihrem künstlerischen Verdienst, sondern hauptsächlich nach ihrer innern Wärme und nach ihrer äußern Anschaulichkeit werten darf. Ist diese Art Kunstübung auch wesentlich ein Hilfsmittel des Homileten, des Predigers, den heiligen Text möglichst wirksam zu umschreiben: hier tritt ein echter Dichter an diese Aufgabe heran und macht aus dem gottgefälligen Liebeswerk auch ein menschengefälliges Kunstwerk. So dürfen wir denn die nun wenigstens in umfangreichen Resten wiedergewonnene erste Hälfte seines Werkes, und den dadurch als umfassenden Bibeldichter erst erwiesenen Verfasser des großen Ganzen selbst als eine der erfreulichsten Bereicherungen betrachten, die die deutsche Litteratur- und Kirchengeschichte seit vielen Jahrzehnten erfahren hat. Der Verfasser der altsächsischen Bibeldichtung ist nun erst recht die erste persönliche Gestalt und für die ganze Zeit bis auf den Dichter des Nibelungenliedes die weitaus bedeutendste Erscheinung in der Geschichte der deutschen Poesie, die bis tief ins 12. Jahrhundert, abgesehen von den viel unselbständigern Erscheinungen eines Otfrid und Ekkehart, einen völlig unpersönlichen Charakter trägt. Hier in unserer altsächsischen Dichtung tritt zum erstenmal eine Individualität mit einem umfangreichen abgeschlossenen Werke, mit bestimmten schriftstellerischen Absichten in die poetische Litteratur ein: der altsächsische Bibeldichter ist der erste schreibende Dichter und Schriftsteller Deutschlands, seine alt- und neutestamentliche Bibeldichtung das erste Buch der deutschen Litteratur überhaupt.

Und wenn wir den Namen dieses ersten Dichters in unserer Litteratur heute noch nicht kennen und wahrscheinlich niemals werden kennen lernen, so werden wir uns auch darüber trösten können. Weiß doch auch die neuere Forschung für seine ehrwürdigen Vorgänger, die Verfasser der Evangelien, keine bestimmten Namen mehr anzugeben, ebensowenig wie für die homerischen und für die Nibelungendichtungen, und wissen wir ja doch sogar für den Urheber alles Lebens einen würdigen Namen nicht — Name ist Schall und Rauch. Genug wenn wir heute noch den unmittelbaren Einfluß schöpferischer, dichterischer Geister so ferner Jahrhunderte nachfühlend empfinden und der religiösen und poetischen Begeisterung eines vorzeitlichen Genius uns freuen können.

Text der neuaufgefundenen altsächsischen Genesisbruchstücke.

Der nachfolgende Text, der einen weitern Leserkreis mit der sprachlichen Erscheinung des Vatikanischen Fundes bekannt machen und — zweckgemäß bearbeitet — auch dem Gebrauche in Vorlesungen und Uebungen dienen möchte, beruht auf demjenigen Braunes (Neue Heidelberger Jahrbücher, Jahrg. 4, Heft 2); nur sind 1) die Längen bezeichnet, wo sie sicher (bezw. wahrscheinlich) sind (auch gibôd für gibood Vs. 10 gesetzt); 2) die Laute w, v, j in üblicher Weise geschrieben; 3) die Spiranten bh, dh — als b', d' — durchgeführt (außer in den Endungen oder wo sonst Schreibungen wie bilosid, kumit, werthan ein Schwanken der Aussprache anzeigten; vgl. Braune 218 ff.). Schreibereigentümlichkeiten (Braune 225) sind meist geschont; für die irrende Schreibung th (t, tt) jedoch ist *ht* eingesetzt Vs. 23 u. ö., was durch Kursivschrift angedeutet ist.

I. Adams Klage.

(Vgl. Ags. Genesis 791—817.)

„Wela that thû nu Êva habbas [quad' Adam]   ubilo gimarakot
unkaro selb'aro sid'!   Nu maht thû sean thia swarton hell
ginon grâdaga,   nu thû sia grimman maht
hinana gihôrean: nis heb'anriki
gelihe sulicaro lognun: thit was alloro lando scôniust,   5
that wit hier thuruh unkas hêrran thank   hebbian muostun,
thar thû them ni hôrdis,   thie unk thesan haram giried,
that wit waldandas   word farbrâkun,
heb'ankuningas.   Nu wit hriwig mugun
sorogon for thes sid'a: wand hê hunk selb'o gibôd,   10
that wit hunk sulic witi   wardon scoldin,
haramo mêstan.   Nu thwingit mi giû hungar endi thurst,
bitter balowerek,   thero wâron wit êr bêd'ero tuom.
Hû sculun wit nu libbian,   efto hû sculun wit an thesum liahta wesan,
nu hier hwilum wind kumit   westan efto ôstan,   15
sûd'an efto nord'an,   giswerek upp drib'it,
kumit haglas skion   himile bitengi,
ferid' ford an gimang   (that is firinum kald):
hwilum thanne fan himile   hêto skinit,
blikit thiu berahto sunna: wit hier thus bara standat,   20
unwerid mid' giwâdi: nis unk hier wiht bivoran
. . . . te scûra,   unk nis hier scattas wiht
te meti gimarcot: wit hebbiat unk giduan mah*ht*igna god

Uebersetzung der neuaufgefundenen altsächsischen Genesisbruchstücke.

Eine Uebersetzung der bisher schon aus der Oxforder Handschrift bekannten altsächsischen Genesisbruchstücke (Sturz der Engel und Sündenfall) findet man in Greins Dichtungen der Angelsachsen, Göttingen 1857, I, 7–25: Vs. 235–851. — Die von neuern Metrikern (Sievers, Kauffmann, Kögel) für den stabreimenden Vers aufgestellten Regeln sind nur so weit sie uns berechtigt schienen und ohne Zwang einzuhalten waren, in unserer Uebersetzung berücksichtigt. — Kögels Ergänzungsheft zu Bd. I seiner Geschichte der deutschen Litteratur, Straßburg 1895, ist noch gelegentlich benutzt worden.

I. Adams Klage.

„Traun, du hast, Eva, gar übel bereitet
unser beider Schicksal! nun magst du sehn die schwarze Hölle
gierig gähnen; nun magst gellen du
von hier sie hören: im Himmelreich nimmer
war solche Lohe: das war aller Lande schönstes,
das wir durch unsres Herren Huld haben durften,
so du dem nicht gehorchtest, der diesen Harm uns schuf,
so daß wir des Waltenden Wort übertraten,
des Himmelkönigs! nun mögen wir harmvoll
ersorgen sein Kommen, denn er selber gebot uns,
vor dem Weh dieser Strafe uns zu bewahren,
vor der Harme größtem. Nun quälen mich schon Hunger und Durst,
bittere Uebel, die waren uns beide sonst fremd.
Wie sollen wir nun leben und wie sollen wir in diesem Lichte wandeln,
wenn häufig nun Wind kommt von Westen oder Osten,
von Süden oder Norden, das Gewölke versammelnd,
wenn ein Hagelwetter am Himmel aufsteigt,
in Schauern einherfährt gar schrecklich kalt,
wenn häufig dann vom Himmel Hitze spendet
blendend die blinkende Sonne: dann stehn wir bloß allhier,
des Gewandes entbehrend: nicht beut hier vor uns
ein Schatten uns Schutz [?]; auch erscheint uns nirgend
für den Mund ein Vorrat; wir haben des Mächtigen Zorn uns,

waldand wrêd'an.   Te hwî sculun wit werd'an nu?
Nu mag mî that hrewan,   that ik is io bad heb'anrîkean god,
waldand th....

II. Kain.

Erstes Kapitel.

Sid'oda im thuo te selid'on,   habda im sundea giwarahț
bittra an is bruod'ar,   liet ina undar baka liggian
an ênam diapun dala   drôrwôragana,
lib'as lôsan,   legarbedd waran
guman an griata.   Thuo sprak im god selb'o tuo,
waldand mid' is wordun   (was im wrêd' an is hugi,
them banan gibolgan),   fràgoda hwâr hê habdi is brôd'ar thuo,
kindjungan kuman.   Thô sprak im eft Kain angegen
(habda im mid' is handun   haramwerck mikil
wamdâdiun giwaraht,   thius werold was sô swid'o
besmitin an sundiun):   « Ni ik thes sorogun ni seal [quad' hê],
gômian hwâr hie ganga,   ni it mî god ni gibôd,
that is hwerigin hier   huodian thorofti,
wardon an thesaro weroldi. »   Wànde he swid'o,
that hê bihelan mahti   hèrran sinum
thia dâdi bidernian.   Thuo sprak im eft ûsa drohtin tuo:
« All hab'as thû sô giwerekot [quad' hê],   sô thî ti thinaro weroldi mag
wesan thin hugi hriuwig,   thes thû mid' thinum handon gidedos,
that thû wurd'i thines bruod'ar bano: nu hê bluodig ligit,
wundun wôrig,   thes ni habda hê êniga gewuruhte te thî,
sundea gisuohta,   thôh thû ina nu âslagan hebbius,
dôdan giduanan: is drôr sinkit nu an erd'a,
swèt sundar ligit,   thiu sêola hwarobat,
thie gêst giâmarmuod   an godas willean.
Drôr hruopit is te drohtina selb'un   endi sagat hwê thea dâdi frumida,
that mên an thesun middilgardun: ni mag im ênig mann than swid'or
wero farwirikian   an weroldrîkea
an bittron balodâdiun,   than thû an thinum bruod'ar hab'as
firinwerek gifremid. »   Thuo an forahtun ward'
Kain aftar them quidiun drohtinas,   quad' that hie wisse garo,
that is ni mahti werd'an waldand wiht   an weroldstundu

des Waltenden, erworben. Was soll aus uns werden nun?
Nun mag mich das reuen, daß ich bat den reichen Himmelsgott,
den guten Waltenden, [daß er dich wirkte für mich
aus meinen Gliedern ...]

II. Kain.

Erstes Kapitel.

Er wandelte zur Wohnung, gewirkt war die Sünde,
die bittre, am Bruder; er ließ ihn am Boden liegen
in einem tiefen Tale betäubt im Blute,
des Lebens ledig; zur Lagerstatt hatte
den Sand der Geselle. Da sprach Gott selbst jenen an,
der Waltende, mit seinen Worten (ihm wallte sein Herz,
unmilde dem Mörder), er fragte ihn, wo er den Mann hätte,
den blutjungen Bruder. Der Böse drauf sprach:
(er hatte mit seinen Handen große Harmtat
frevelnd gewirkt; die Welt war so sehr
mit Sünden besudelt): „Zu sorgen nicht brauch' ich,
zu wachen wohin er wandle, noch wies mich Gott an,
daß ich sein hätte irgend zu hüten,
zu warten in der Welt." Er wähnte fürwahr,
daß er verhehlen könne seinem Herren
die Untat und bergen. Ihm gab Antwort unser Herr:
„Ein Werk vollführtest du des fürder dein Herz
mag trauern dein Lebtag, das du tatst mit deinen Handen;
des Bruders Mörder bist du: nun liegt er blutig da,
von Wunden weggerafft, der doch kein einig Werk dir,
kein schlechtes, beschloß; aber erschlagen hast du ihn,
hast getan ihm den Tod; zur Erde trieft sein Blut;
die Säfte entsickern ihm, die Seele entwandelt,
der Geist, wehklagend, nach Gottes Willen.
Es schreit das Blut zum Schöpfer und sagt wer die Schandtat getan,
das Meinwerk in diesem Mittelkreis; nicht mag ein Mann freveln
mehr unter den Menschen in der Männerwelt
mit bittren Bosheitswerken, als du an deinem Bruder hast
Untat geübt. Da ängstete sich
Kain nach des Herrn Worten; er bekannte wohl zu wissen,
nie möge vor dem Allmächtigen ein Mann, solang die Welt steht,

dâdeo bidernid: « Sô ik is nu mag drubundian hugi [quad' hê]
berau an minun breostun,   thes ik minan bruod'ar sluog
thuru mîn handmegin.   Nu wêt ik, that ik scal an thinum heti
                                                  libbian,
ford an thinum fiundscepi,   nu ik mi thesa firina gideda.
Sô mi mîna sundia nu   swîd'aron thunkiat,
misdâd mêra,   than thîn mildi hugi:
sô ik thes nu wird'ig ni bium,   waldand thie guodo,
that thû mî âlâtas   lêd'as thingas,
tiauono âtuemeas.   Nu ik ni welda mîna triuwa haldan,
hugi wid' them thinum blûtrom muoda: nu wêt ik, that ik hier ni
                                       mag êniga hwîla libbian,
hwand mi antwirikit,   sô hwat sô mî an thisun wega findit,
âslehit mî bi thesun sundeun. »   Thuo sprak im eft selb'o angegin
heb'anes waldand: « Hier scalt thû noh nu [quad' hê]
libbian an thesun lande [lango hwîla].   Thôh thû sus âlêd'it sîs,
mid' firinum bifangan,   thôh willik thî frithu settean,
tôgean sulic têkean,   sô thû an treuwa maht
wesan an thesero werolde,   thôh thû is wird'ic ni sîs:
fluhtik scalt thû thôh endi frêd'ig   fordwardas nu
libbean an thesum landa,   sô lango sô thû thit liaht warôs;
forhwâtan sculun thî blûttra liudi,   thû ni salt io furthur cuman te
                                          thînes hêrron sprâko,
weslean thâr mid' word'on thinou: wallandi stêt
thines brôthor wrâca   bitter an helli. »

Zweites Kapitel.

Thô geng im thanan mid' grimmo hugi,   habda ina god selb'o
swîd'o farsakanan.   Soroga ward' thâr thuo gikûd'it
Ad'ama endi Êvun,   inwidd mikil,
iro kindes qualm,   that hê ni muosta quik libbian.
Thes ward' Ad'amas hugi   innan breostun
swîd'o an sorogun,   thuo hê wissa is sunu dôdan:
Sô ward' is ôk thiu muodar,   thê thana magu fuodda,
barn bi iro breostum.   Thuo siu bluodag wnosk
hrêngiwâdi,   thuo ward' iro hugi sêrag.
Bêtho was im thô an sorogun   jac iro barnas dôd',

eine Tat vertuschen: „So muß ich darob nun betrübten Sinn
bergen in meiner Brust, daß ich meinen Bruder schlug
durch meiner Hände Kraft. Nun weiß ich, daß ich muß unter deinem
Hasse leben
fürder, unter deiner Feindschaft, da ich diesen Frevel getan.
Nun mich meine Schandtat schwerer dünkt,
die Missetat mächtiger als die Milde deines Herzens:
so bin ich des nicht würdig, allwaltender Gott,
daß du die schreckliche Schuld mir vergebest,
von dem Frevel mich befreiest. Der Frommheit und Treue
vergaß mein Herz gegen deine Heiligkeit: nun weiß ich, daß hier ich
keinen Tag mehr leben kann:
erschlagen wird mich wer auf meinem Weg mich findet,
austilgen ob meiner Untat." Da gab ihm Antwort selber
des Himmels Herrscher: „Hier sollst du fürder
noch leben in diesem Lande. So leid du allen bist,
so befleckt mit Freveln, doch will ich dir Frieden schaffen,
ein Zeichen an dir setzen, daß du sicher magst
weilen in dieser Welt, ob du des auch nicht würdig seist:
flüchtig doch sollst du und friedlos für und für
leben in diesem Lande, so lang du dieses Licht schaust;
verfluchen sollen dich die Frommen, du sollst nicht fürder vor deines
Herrn Antlitz treten,
noch Worte mit ihm wechseln: wallend wird
die Strafe für den Bruder dich brennen in der Hölle."

Zweites Kapitel.

Da entwich er schmerzerfüllt, es hatte sich der Schöpfer selbst
von ihm weg gewandt. Wehe schuf da
die große Übeltat Adam und Even,
ihres Kindes Tod, das den Tag nicht mehr schaute.
Des ward Adams Herz innen in der Brust
sehr voll Sorgen, daß den Sohn er tot sah,
und so auch die Mutter, die das Mannkind genährt,
das geborne, am Busen. Da sie das blutige
Gewand wusch des Toten, da ward wund ihr Herz.
Kummer schuf ihr da nicht nur ihres Kindes Tod,

thes helid'as hinfard', jac that im mid' is handun fordreda 90
Kain an sulicun qualma: siu ni habdun thuo noh kindo than mèr
libbendero an them liahta, bôtan thana enna, thic thuo âlêd'it was
waldanda be is farwurohtiun: thâr ni habdun siu êniga wunnia tuo
niudlico ginuman, wand hie sulican nid' âhuof,
that hê ward' is bruod'ar bano. Thes im thuo bêthiun ward' 95
sinhiun twêm sêr umbi herta.
Oft siu thes gornunde an griata gistuodun;
sinhtun samad quâd'un, that sia wissin, that im that iro sundia gidedin,
that im ni muostin aftar erebiwardos,
thegnos thîan. Tholodun siu hêd'iu 100
mikila mord'quâla, unt that im eft mahtig god,
hèr heb'anes ward iro hugi buotta,
that im wurd'un ôdana erebiwardos,
thegnos endi thiornun, thigun aftar wel,
wuohsun wânliko, gewitt linodun, 105
spâha sprâka. Spuodda thie mahta
is handgiwerek, hêlag drohtin,
that im ward' sunu giboran, them scuopun siu Sed' te naman
wûrom wordun: them wastom lêh
heb'anas waldand endi hugi guodan, 110
gamlican gang. Hê was goda wird'ig,
mildi was hie im an is muoda, sô thana is manno wel,
thie io mid' sulicaro huldi muot hêrron thionun.
Hie loboda thuo mêst liodio barnun
godas huldi: gumun thanan quâmun, 115
guoda mann . . . . . .
wordun wisa, gewitt linodun,
thegnos githâhte endi thigun aftar wel.
Thann quâmun eft fan Kaina kraftaga liudi,
helidos hardmuoda, habdun im hugi strangan, 120
wrêd'an willean, ni weldun waldandas
lêra lêstian, ac habdun im lêd'an strîd';
wuohsun im wrisilico: that was thiu wirsa giburd,
kuman fan Kaina. Bigunnun im côpun thuo
weros wib' undor twisk: thas ward' âwerd'it sân 125
Sed'as gesîd'i, ward' seggio folc
mênu gimengid endi wurd'un manno barn,

des Helden Hinfahrt, sondern daß mit seiner Hand sich verfehlt
Kain in solchem Morde; sie hatten da der Kinder nicht mehr,
der lebenden im Lichte, außer dem einen, der da leid geworden
dem Schöpfer durch seine Schandtat: der schuf ihnen nirgend
Freude noch Frommen, da er solchen Frevel begieng
und ward seines Bruders Mörder. Des wurden sie beide da,
die zwei Ehegatten unfroh im Herzen.
Oft stunden sie drob am Strande trauernd;
es sagten sich die Gatten, daß sie wüßten, ihre Sünde sei schuld,
daß ihnen nicht künftig Knaben möchten,
Stammhalter erblühen. Die beiden erduldeten
gewaltige Wehqual, bis ihnen der waltende Gott,
der hehre Himmelsfürst, heilte ihr Gemüt,
daß wieder ihnen Stammhalter wurden,
Degen und Dirnen, die gediehen drauf wohl,
wuchsen wonniglich, erwarben Wissen,
kluge Kunde. Es förderte, der's wohl konnte,
Der heilige Herr seine Handgeschöpfe,
daß ihnen ein Sohn ward geboren, den nannten sie Seth mit Namen,
mit wahrem Worte: ihm verlieh Wachstum
des Himmels Herrscher und weises Herze,
wonnigen Weg. Er war wert dem Herrn,
ihm mild im Gemüte, wie's der Mann wohl sein mag,
der so huldvoll zu dienen dem Herrn gewillt ist.
Er lobte da zumeist unter der Leute Kindern
Gottes Huld; Helden entstammten ihm,
gute Männer . . . .
an Worten weise; sie erwarben Wissen,
die Degen, und Gedanken und gediehen dann wohl.
Dagegen kamen von Kain kräftige Leute,
hartgemute Helden, hatten herbes Gemüte,
wilden Willen, wollten nicht des Waltenden
Befehle erfüllen, erhuben schlimme Fehde,
erwuchsen zu Riesen. Das war die schlimmere Rasse,
die da kam von Kain. Da kauften sich zur Ehe
die Männer die Weiber gegenseitig. Des ward drauf entwürdigt
die Sippschaft Seths; es ward sein Gesinde
mit Missetat vermengt, und es wurden die Menschenkinder,

liudi lêd'a them thitt lioht giscuop.
Bôtan that iro ên habda   erlas gihugdi,
theganlica githâht;   was im githungin mann,   '130
wis endi wordspâh,   habda giwitt mikil:
Enoch was hie hêtan.   Thic hier an erd'u ward'
mannum te mârd'um   obar thesan middilgard',
that ina hier sô quikana   kuningo thie bezto,
libbendian an is lichaman,   sô hie io an thesun liahta ni staraf — 135
ac sô gihaloda ina hier   heb'anas waldand
endi ina thâr gisetta,   thâr hie simlon muot
wesan an wunnion,   untat ina eft an thesa werold sendi
hêr heb'anas ward'   helid'o barnum,
liodiun te lâro.   Thann hier ôk thie lêd'o kumit,   140
that hier Antikrist   alla thioda,
werod âwerd'it,   thann he mid' wâpnu scal
werd'an Enocha te banon,   eggiun scarapun:
thuruh is handmegin   hwirib'it thiu sêola,
thic gêst an guodan weg,   endi godas engil kumit,   145
wrikit ina wammscad'on   wâpnas eggiun:
wirthit Anticrist   aldru bilôsid,
thie fiund bivellid.   Folk wird'it eft gihworob'an
te godas rikea,   gumuno gisid'i
langa hwila,   endi stêd im sid'or thit land gisund.   150

III. Sodom.

Erstes Kapitel.

THuo habdun im eft sô swid'o   Sodomoliudi,
weros sô farwerkot,   that im was ûsa waldand gram,
mahtig drohtin,   wand siu mên drib'un,
fremidun firindâdi,   habdun im sô vilu fiunda barn
wammas gewisid: thuo ni welda that waldand god,   155
thiadan tholoian,   ac hiet sic threa faran,
is engelos ôstan   an is ârundi,
sid'on te Sodoma   endi was im selb'o thâr mid'.
Thuo sea ob'ar Mambra   mahtige fuorun,
thuo fundun sia Abrahama   bi ênum ala standan,
waran enna wihstedi,   endi scolda ûsas waldandas

die Leute, leid dem Schöpfer des Lichtes.
Nur ihrer einer hatte adlichen Sinn,
mannlich Gemüt, war ein Mann voll Tugend,
weise und wortklug, hatte große Weisheit:
Enoch hieß er. Von ihm scholl auf Erden
den Männern die Mär über diesen Mittelkreis,
daß ihn von hier, den lebendigen, der hehrste der Könige,
den im Leibe weilenden, so daß er in dieser Welt nicht starb —
sondern ihn holte so von hier des Himmels Fürst
und versetzte ihn dorthin, wo er seither beständig
darf weilen in Wonnen, bis ihn wieder in diese Welt sendet
der hehre Himmelswart der Helden Kindern,
den Leuten zur Belehrung. Wenn dann hieher auch der leidige kommt,
der Antichrist, der hier alle Völker
verderben wird, dann mit Waffen wird er
den Enoch erschlagen, mit scharfer Schneide:
vor der Kraft seiner Hand kehrt seine Seele,
sein Geist guten Weg, und Gottes Engel kommt,
straft den Schädiger mit der Schneide des Schwertes:
der Antichrist wird aus der Welt geschafft,
der Feind gefällt. Das Volk kehrt sich wieder
zum himmlischen Reiche, der Helden Menge,
für lange Frist und es bleibt fortan das Land im Frieden.

III. Sodom.

Erstes Kapitel.

Da hatten so sehr wieder die Leute von Sodom
sich mit Frevel befleckt, daß unser Herr ihnen feind war,
der mächtige Allherr, weil sie Missetat übten,
Sünden vollführten; die Satanskinder hatten so viel
Grimmes begangen: da wollte das Gott der Herr,
der Fürst, nicht mehr dulden und hieß dreie fahren
seiner Engel von Osten, in seinem Auftrag
nach Sodom zu gehn, und war selber dabei.
Da sie über Mambre, die mächtigen, fuhren,
da fanden sie Abraham bei einem Altar stehen,
ein Heiligtum hüten; er wollte unserm Herren

geld gifrummian,   endi scolda thâr goda theonan
an middean dag   manna thie bezto.
Thuo antkenda hê craft godas,   sô hê sea cuman gisach:
geng im thuo tigegnes   endi goda selb'un huêg,   165
bôg endi bedode   endi bad gerno,
that hie is huldi ford   hebbian muosti:
« Warod wilthû nu,   waldand frô mîn,
alomahtig fadar?   ik biun thîn êgan scalc,
hold endi gihôrig;   thû bist mî hêrro sô guod,   170
mêd'mo sô mildi: wilthû mînas wiht
drohtin hebbian hwat?   it all an thînum duoma stêd.
Ik libbio bi thînum lêhene,   endi ik gilôb'i an thî:
frô mîn thê guoda,   muot ik thî frâgon nu,
warod thu sigidrohtin   sid'on willeas? »   175
Thuo quam im eft tegegnes   godas andwordi,
mahtig muotta: « Ni willi ik is thî mîthan nu [quad· hê],
helan holdan man,   hû mîn hugi gengit.
Sid'an sculun wî sûd'ar hinan: hebbiat him umbi Sodomaland
weros sô forwerkot.   Nu hruopat thê tewardas te mi   180
dages endi nahtes,   thê thê iro dâdi telleat,
seggiat hiro sundeon.   Nu willi ik selbo witan,
ef thia mann under him   sulik mên fremmiat,
weros wamdâdi.   Thanna scal sea wallande
fiur bivallan,   sculun sia hira firinsundeon   185
swâra bisenkian: sweb'al fan himile
fallit mid' fiure,   fêknia sterebat,
mêndâdige men,   reht sô morgan kumit. »
    Abraham thuo gimahalda   (habda im ellian guod,
wîsa wordquidi),   endi wid'er is waldand sprak: 190
« Hwat! thû gôdas sô vilu [quat hie],   god heb'anriki,
drohtin giduomis: all bi thînun dâdiun stêd
thius werold an thînum willean,   thû giwald havas
ob'ar thesan middilgard   manna kunnias:
sô that gio werd'an ni scal,   waldand frô mîn.   195
that thû thâr te hônum duoas   ub'ila endi guoda,
liob'a endi lêd'a,   wand sia gilica ni sind.
Thû ruomes sô rehtæs,   riki drohtin!
Sô thû ni wili, that thâr antgeldan   guodwillige mann

eine Gabe opfern   und wollte da Gott dienen
zur Mittagszeit,   der Männer bester.
Da erkannte er die Kraft Gottes,   da er sie kommen sah;
er gieng ihnen da entgegen   und neigte vor Gott sich,
beugte sich und betete   und bat mit Eifer,
daß er seine Huld ferner   behalten möchte:
„Wohin willst du nun,   allwaltender Herr,
Vater der Allmacht?   ich bin dein eigner Knecht,
dir hold und hörig;   du bist mir, Herr, so gut,
so mild von Gaben: willst du des Meinen,
Herr, etwas haben?   in deiner Hand steht es alles.
Ich lebe in deiner Lehenschaft   und verlasse mich gläubig auf dich:
du mein guter Herr,   willst du mir Antwort gönnen,
wo du, Herr der Heere,   hingehn willst?
Da kam ihm wieder entgegen   des Waltenden Antwort,
die gewaltige traf ihn: „Ich will dir's nicht bergen,
nicht hehlen holdem Mann,   wohin mir der Sinn steht.
Wir wollen von hier südwärts gehn: es haben sich im Sodomlande
die Menschen so verfehlt.   Nun flehn mich die Priester
bei Tag und bei Nacht,   und erzählen ihre Taten,
sagen von ihren Sünden.   Nun will ich selber sehn,
ob die Menschen unter sich   solche Missetat üben,
die Bürger so Böses.   Dann soll sie brennendes
Feuer befallen;   es sollen ihre Frevel
sich schwer auf sie senken: Schwefel vom Himmel
fährt mit Feuer;   die Frevler sterben,
die missetatübenden Menschen,   sobald der Morgen kommt.
   Abraham sagte da   (er war guten Sinnes,
weise von Worten)   und erwiderte seinem Herrn:
„Wie so viel Gutes,   reicher Gott des Himmels,
verhängst du, o Herr: ganz zu deinen Handen steht
die Welt, nach deinem Willen;   Gewalt hast du
des Menschengeschlechts   über diesen Mittelkreis:
so soll das nicht werden,   o waltender Herr,
daß du dort zusammenwerfest   Sünder und Gerechte,
Üble und Gute: denn sehr ungleich sind sie.
Du richtest so recht,   du reicher Herr!
So du nicht willst, daß dort entgelten   gutgesinnte Menschen

wamscad'ono werek,   thuoh thû is giwald hab'es   200
te gifrummianna,   muot ik thî frâgon nu,
sô thû mî thiu gramara ni sis,   god heb'anriki:
ef thû thâr fid'is fiftig   ferahtaro manno,
liub'igaro liodo: muot thanna that land gisund,
waldand, an thînum willean   giwerid standan?»   205
Thuo quam im eft tegegnes   godas andwordi:
«Ef ik thâr findo fiftig [quad' hê]   ferahtara manno,
guodaro gumono,   thea te goda hebbian
fasto gifangan: thanna willi ik iro ferah fargeb'an,
thuru that ik then hlûttron man   haldan wille.»   210
  Abraham thuo gimahalda   ad'ar sid'e,
ford frâgoda   frâhon sinan:
«Hwat duos thû is thanna [quad' hê],   drohtin frô min,
ef thû thâr thritig maht   thegno fid'an,
wamlôsa weros?   wilthû sia noh thanna   215
lâtan te liva,   that sia muotin that land waran?»
Thuo im thê guoda   god heb'anriki
sniumo gisagda,   that hie sô weldi
lêstian an then landa: «Ef ik thâr lub'igaro mahg [quad' hê]
thritig undar thero thiodo   thegno fid'an,   220
godforohta gumon: thanna willi ik im fargeb'an allum
that mên endi thea misdâd   endi lâtan that manno folc
sittian umbi Sodoma   endi gisund wesan.»
  Abraham thuo gimahalda   agalêtlico,
folgoda is frôian,   filo worda gisprac: 225
«Nu scal ik is thî biddean [quad' hê],   that thû thî ni belges ti mî,
frô min thie guoda,   hû ik sus filu mahlea,
weslea wid'er thî mid' mînum wordum: ik wêt, that ik thus wird'ig
                                                        ni bium,
ni sî that thû it willeas bi thinaro guodo,   god heb'anriki,
thiadan, githoloian: mî is tharaf mikil   230
te witanna thinne willean,   hwed'er that werad gisund
libbian muoti,   thê sea liggian sculun,
fêgia bivallan: hwat wilis thû is thanna, frô min, duoan,
ef thû thâr tehani   treuhafte maht
fid'an under themo folca,   ferahtera manno?   235
wilthû im thanna   hiro ferh fargeb'an,

der Schadenstifter Schandwerk, obschon du es leichtlich
so kannst vollführen, so laß mich dich fragen,
wenn du mir drob nicht gram sein willst, o Gott des Himmels:
so du fünfzig dort findest frommer Männer,
lieberfüllter Leute: mag dann das Land in Frieden,
Waltender, nach deinem Willen bewahrt bleiben?"
Da kam ihm wieder entgegen Gottes Antwort:
„Wenn ich fünfzig dort finde frommer Männer,
guter Menschen, die an Gott mit ganzem
Herzen hangen: die will ich erhalten am Leben,
weil ich die Gerechten erretten will."
 Abraham sprach da zum andern Male,
heischte abermals Antwort vom Herrn:
„Und was wirst du tun, mein waltender Herr,
wenn du dreißig dort magst der Degen finden,
der makellosen Männer? willst du mild auch dann noch
sie am Leben lassen und im Lande sie dulden?"
Und gleich der gute Gott vom Himmel
sagte ihm zu, daß er so wolle tun
den Leuten im Lande: „Wenn ich lieberfüllte mag
dreißig dorten der Degen finden,
gottesfürchtige Männer: dann will ich vergeben allen
Meinwerk und Missetat und lassen das Menschenvolk
sitzen zu Sodom und gesund es erhalten."
 Abraham sprach da eifrigen Sinnes,
folgte weiter dem Herrn, sprach wieder die Worte:
„Nun muß ich dich bitten, daß du mir nicht böse seist,
Mein Fürst du guter, weil ich so viel spreche,
Worte im Streit mit dir wechsle: ich weiß, daß ich des nicht
              würdig bin,
es sei denn, du wollest in deiner Güte, du Walter des Himmels,
o Gott, mir's vergönnen: ich möchte so gerne
wissen deinen Willen, ob heil die Bewohner
am Leben bleiben dürfen, oder ob sie liegen sollen,
sinken entseelt: o sag, was willst du dann tun,
wenn du zehen dort magst dir zugetane
finden unter dem Volke, fromme Menschen?
willst du sie, Herr, dann erhalten am Leben,

that sia umbi Sodomaland sittian muotin,
bûan an them burugium, sô thû im Abolgan ni sis?«
Thuo quam im eft tegegnes godas andwordi:
»Ef ik thâr tehani [quad' hè] treuhaftera mag 240
an them lande nuh liodi fid'an,
thanna lâtu ik sia alla thuru thic ferah/un man ferchas brûkan.«
Thuo ni dorste Abraham leng drohtin sinan
furd'ur fragon, hac hè fell im after te bedu
an kneo craftag; quad' hè gerno 245
is geld gerewedi endi gode theonodi,
warahti after is willian. Giwêt im eft thanan
gangan te is gestseli; godes engilos fort
sîd'odun te Sodoma, sô im selbo gebôd
waldand mid' is wordo, thuo hie sea hiet an thana weg faran. 250

Zweites Kapitel.

Scoldun sie befid'an, hwat thâr ferahtera
umbi Sodomaburg, sundeono tuomera
manna wâri, thie ni habdin mènes filu,
firinwerco gifrumid. Thô gihôrdun sie fègere karm
an allaro selid'a gihwen sundiga liudi 255
firinwerk fremmian: was thâr fiundo gimang,
wrêd'aro wihteo, thea an that wam habdun
thea liudi farlêdid: that lôn was thuo hat handun
mikil mid' mord'u, that sia oft mèn drib'un.
Thanna sat im thâr an innan burug ad'alburdig man, 260
Loth mid' them liudium, thie oft lof godas
warah/c¹ an thesaro weroldi: habda im thâr welono ginuog,
guodas giwunnan: hè was gode wird'ig.
Hè was Abrahamus ad'alknôslas,
his brôd'er barn: ni was betara man 265
umbi Giordanas stad'os mid' gumkustium,
giwerid mid' gewittio: him was ûsa waldand hold.
Thuo te sedla hnêg sunna thiu hwîta,
alloro bôkno beratost, thuo stuond hie fore thes buruges dore.
Thuo gisah hè an hâb'and engilos twène 270

---
¹ godas uuarathe [262] an *Braune*.

daß sie zu Sodomland   sitzen mögen,
bauen in den Burgen,   ohne daß du ihnen böse bist?"
    Da kam ihm wieder entgegen   Gottes Antwort:
„Wenn ich zehen dort mag   mir zugetane
der Leute noch   im Lande finden,
dann will ich ihnen allen der Frommen wegen   fristen ihr Leben."
    Da wagte Abraham nicht länger   seinen lieben Herrn
zu fragen fürder,   sondern fiel hinter ihm betend nieder
auf die starken Kniee   und gelobte, künftig
eifrig zu opfern   und dem Ewigen zu dienen,
seinen Willen zu wirken.   Dann wandt' er sich wieder
zu gehn nach seinem Gastsaal;   die Gottesengel wandelten
nach Sodom zusammen,   wie ihnen selber geboten
der Waltende mit Worten,   der sie diesen Weg hieß fahren.

Zweites Kapitel.

Nun sollten sie erfahren,   was da der Frommen
zu Sodomaburg,   der sündenlosen
Männer wäre,   die keine Missetat hätten,
keine Untat geübt.   Da hörten sie Sterbende ächzen
von Haus zu Haus;   sie hörten Sünder
Frevel vollführen: es war da der Feinde Menge,
der verworfenen Wichter,   die zu Wehtaten hatten
die Leute verleitet: dafür nahte ihnen Lohn nunmehr,
schlimmer, im Tode,   da sie getan so viel Böses.
Nun saß da innen in der Burg   ein edelgeborner Mann,
Loth, unter den Leuten,   der oft Gott Lob bereitete
auf dieser Erde: er hatte Erbbesitz viel
und Güter gewonnen: er war von Gott geliebt.
Er war von Abrahams   edlem Geschlechte,
seines Bruders Geborner: kein besserer Mann war
an des Jordans Ufern   mit männlichen Ehren,
mit Weisheit bewehrt;   ihm war der Waltende hold.
Da zum Sitze sich neigte   die leuchtende Sonne,
der Gestirne glänzendstes,   da stund er vor dem Stadttor.
Da sah er durch den Abend   der Engel zween

gangan an thea gardos,   sô sea fan gode quâmun
gewerido mid' gewittio   thuo sprak hê im sân mid' is wordum tuo.
Gieng thuo tegegnes   endi gode thankade,
heb'ankuninga,   thes hê im thea helpa ferlêch,
that hê muosta sea mid' is ôgum   an luokoian.
Jac hê sea an kneo kusta   endi kûsco bad,
that sea suohtin his selid'a :   quat that hê im selb'as duom
gâvi sulîkas guodas,   sô im god habdi
farliwen an them landa :   sea ni wurd'un te lata hwerigin,
ac sê gengun im an is gestseli,   endi hê im giungarduom
fremide ferahdlica,   sea im filo sagdun
wâraro wordu.   Thâr hê an wahtu sat,
held is hêrran bodan   hêlaglica,
godas engilos.   Sia him guodas sô filo,
suod'as gisagdun.   Swart furd'ur skrêd
narowa naht an skion,   nâhida moragan ;
an allara selid'a gihwem   ûhtfugal sang
fora daga huoam.   Thô habdun ûsas drohtinas bodon
thea firina bifundan,   thea thâr fremidun men
umbi Sodomburug.   Thô sagdun sia Lod'a,
that thâr mord' mikil   manno barno
scolda thera liodio hwerthan   endi ôk thes landas sô samo.
Hictun ina thuo gerewian,   endi hietun thô gangan thanan,
firrian hina fon them fiundum   endi lêdian is fri mid' him,
idis ad'alborana.   Hê ni habda thâr his had'alias than mêr,
bôtan is dohtar twâ,   mid' them hietun sie, that hie êr daga wâri
an ênum berga uppan,   that hina brinnandi
fiur ni bivengi.   Thô he te there ferd'i ward'
gâhun gigerewid,   gengun engilos,
habdun hina bi handum,   heb'ankuningas bodon,
lêddun hina endi lêrdun   lango hwîla,
huntat sea ina gibrâhtun   bi thera burug ûtan.
Hietun, that sie io ni gehôrdin   sulic gehlunn mikil
brakon an them burugium,   that sia io under bak sâwen,
an thiu thie sea an them landae   libbian weldin.
Thuo wurub'un eft wid'er   hêlega wardos,
godas engilos,   gengun sniumo,
sid'odun te Sodomo :   thanan sûd'ar fuor

herkommen zu den Häusern   vom Herrn gesandt,
mit Weisheit bewehrt: da redete er sie gleich mit Worten an.
Er gieng ihnen entgegen   und sagte Gott seinen Dank,
dem Himmelskönige,   daß er ihm solche Huld verlieh,
daß er sie mit seinen Augen   ansehn durfte.
Und er küßte ihre Kniee   und zu kommen bat er sie
sittig in seinen Saal;   sie sollten walten
des ganzen Gutes,   das ihm Gott hätte
verliehen im Lande: nicht lange säumten sie,
sondern giengen in seinen Gastsaal,   und Jüngerschaft leistete
er frommen Sinnes,   und viel ihm sagten sie
der wahren Worte.   Wacht hielt er dort,
hielt seines Herrn Boten   heiliglich,
Gottes Engel.   Sie sagten ihm Gutes die Fülle,
Schätze der Wahrheit.   Schwarz schritt und schwer
die Nacht mit ihren Nebeln;   es nahte der Tag;
vor den Häusern gesamt   sang der Morgenvogel
vor des Tages Aufgang.   Da hatten Gottes Abgesandte
die Frevel erfahren,   die vollführten die Menschen
zu Sodomaburg.   Da sagten sie Lothen,
daß da ein Menschenmord,   ein mächtiger, kommen
sollte über die Leute   und das Land zugleich.
Sie hießen ihn da sich bereiten   und von hinnen gehn
ferne von den Feinden   und seine Frau mitführen,
das wohlgeborne Weib.   Nicht hatte er sonst edle Verwandtschaft,
nur zwei Töchter;   mit denen hießen sie ihn vor Tages Anbruch
auf einen Berg fliehen,   auf daß ihn das brennende
Feuer nicht faßte.   Da er zu der Fahrt nun
sich schleunig beschickte,   da erschienen die Engel,
hielten ihn bei der Hand,   des Himmelskönigs Boten,
leiteten und lehrten ihn   lange Strecke,
bis sie ihn brachten   vor die Burg hinaus.
Sie mahnten sie, wenn sie hörten   das mächtige Getöse,
das Bersten der Burg,   dann nicht rückwärts zu blicken,
sofern sie im Lande   leben bleiben wollten.
Da wandten sich wieder   die heiligen Wächter,
Gottes Engel,   und giengen schleunig
nach Sodom zusammen;   nach Süden von dannen

Loth thoro hira lèra,   flôh thera liodio gimang,
derebioro manno: thô ward' dag kuman.
Thuo ward' thàr gihlunn mikil   himile bitengi,
brast endi bracoda,   ward' thero burugeo giwilic
rôkos gifullit,   ward' thàr fan radura sô vilu
fiures gifallin,   ward' fègero karm,
lêd'aro liodio: lôgna all biveng,
brêd burugugisetu: bran all samad,
stên endi erd'a,   endi sô manag stridin man
swultun endi sunkun: sweb'al brinnandi
wèl after wikeom;   waragas tholodun
lêd'as lôngeld.   That land inn bisank,
thiu erd'a an afgrundi;   al ward' farspildit
Sodomarlki: that is . . . . . ènig
. . . theg nigiènas,   ac sô bidôdit
an dôd'sèu,   sô it noh te daga stendit
fluodas gifullit.   Thuo habdun hiro firindàdi
all Sodomothiod   sèro antgoldan,
bôtan that thàr iro enna   ùt entlèdde
waldand an is willian   endi thiu wif mid' im,
thriu mid' them thegna.   Thô gihôrdun sea thero thiodo qualm,
burugi brinnan,   thô thàr under bac bisach
idis ad'alboren: siu ni weldere thera engilo
lèra lèstian: that was Lothas brûd,
than lang thê siu an them landa   libbian muosta.
Thuo siu an them berega gistuod   endi under bak bisach,
thuo ward' siu te stêne,   thàr siu standan scal
mannum te màrthu   ob'ar middilgard
after hevandage,   sô lango sô thius erd'a lèbot.

fuhr Loth nach ihrer Lehre,   floh der Leute Menge,
der bösen Menschen: da brach der Tag an.
Da erscholl gewaltig Getöse   und schlug an den Himmel,
ein Brechen und Bersten: die Burgen alle
füllten mit Rauch sich;   dicht fiel das Feuer
vom Äther herab;   es scholl Ächzen Sterbender,
leidiger Leute: die Lohe erfaßte alles,
die breiten Burggesäße: es brannte zumal
Stein und Erde,   und so mancher streitbare Mann
verschmachtete und sank: brennender Schwefel
entwallte auf die Wohnstätten;   die wölfischen Menschen erlitten
ihrer Leidtaten Lohn.   Das Land sank zusammen,
die Erde in den Abgrund;   all ward zerstört
Sodomareich,   daß davon kein ....
..... irgend,   und ward so ertötet
zum toten Meer,   wie es heutigen Tags noch steht,
mit Fluten erfüllt.   Da hatten ihre Freveltaten
alle Sodomaleute   sehr gebüßt,
nur daß ihrer **einen**   ausgeführt hatte
der Waltende nach seinem Willen   und die Weiber mit ihm,
die dreie, mit dem Degen.   Da hörten sie dort der Leute Tod,
den Brand der Burgen: da blickte rückwärts
das wohlgeborne Weib: sie wollte nicht der Engel
Lehre befolgen: das war Loths Gattin,
so lang sie im Lande   das Leben hatte.
Da sie auf dem Berge stund   und blickte nach rückwärts,
da ward sie zu Steine,   allwo sie nun stehn soll
den Menschen zur Märe   über den Mittelkreis
auf ewige Zeiten,   so lang diese Erde dauert.